U0461279

高等院校传统工艺文化创新实训教材

Traditional Handicraft Products Design

传统工艺文创产品设计

杨再伟　易晓浪　著

重庆大学出版社

图书在版编目（CIP）数据

传统工艺文创产品设计 / 杨再伟，易晓浪著．
重庆：重庆大学出版社，2025.5. --（高等院校传统工
艺文化创新实训教材）. -- ISBN 978-7-5689-5039-8

Ⅰ . G114

中国国家版本馆 CIP 数据核字第 2025ND0531 号

高等院校传统工艺文化创新实训教材

传统工艺文创产品设计

CHUANTONG GONGYI WENCHUANG CHANPIN SHEJI

杨再伟　易晓浪　著

策划编辑：蹇　佳

责任编辑：黄菊香　　版式设计：蹇　佳
责任校对：关德强　　责任印制：张　策

*

重庆大学出版社出版发行

出版人：陈晓阳

社址：重庆市沙坪坝区大学城西路21号

邮编：401331

电话：（023）88617190　　88617185（中小学）

传真：（023）88617186　　88617166

网址：http://www.cqup.com.cn

邮箱：fxk@cqup.com.cn（营销中心）

全国新华书店经销

重庆长虹印务有限公司印刷

*

开本：889 mm×1194 mm　1/16　印张：7　字数：217千

2025年5月第1版　　2025年5月第1次印刷

印数：1—2 000

ISBN 978-7-5689-5039-8　　定价：48.00元

前　言

近年来，在高等院校产品设计课程教学领域，课程改革已经取得了很大的突破，尤其在现代工业产品设计方面有了很大的发展和标志性成果。国家也对传统工艺高度重视，如党的十九大报告提出加强文物保护利用和文化遗产保护传承。健全现代文化产业体系和市场体系，创新生产经营机制，完善文化经济政策，培育新型文化业态。党的二十大报告也提出加大文物和文化遗产保护力度。因此，我们应重视优秀传统中华文化的发展，掀起传统手工艺文创产品开发热潮，重视文旅商品助推旅游产业的发展。但高等院校对传统工艺文创产品设计课程开发起步相对较晚，课程内容体系不够完善，课程教材建设未形成较为规范和完整的体系，导致人才培养相对滞后，传统工艺文创产品设计人才参差不齐。

传统工艺文创产品设计与现代工业产品设计在材料、手段、生产、质量、产量上有很大的差异，我们需要对传统工艺文化进行深入研究，全面了解传统工艺技艺特征，针对不同类别进行有针对性的文创设计。这就要求我们对传统工艺文化有系统的掌握和研究，要熟悉传统工艺文化内涵，掌握现代设计文化理念、表现手段和方法。在高等院校构建"传统工艺文创产品设计"教材，开展传统工艺文化课程建设，打造高品质课程教学内容，是我们共同探究的课题。

我们出于满足当今高等艺术设计教育对传统工艺文创产品设计读本的需求，从艺术设计教育实际出发，对传统工艺文创产品设计涉及的内容进行科学全面的构建。本书通过对大量的传统工艺文创产品图片进行剖析，引导学生逐渐了解这门课程的思想内涵，以图文并茂的形式诠释抽象的理论，将概念转化为可理解的视觉图像。本书根据课堂训练的实际情况，每一个单元讲述一个具体问题，并在其后附加单元课题训练，以加深学生对本单元讲述内容的思考。本书有助于传统工艺文创产品设计课程的教学，能助推传统工艺文化的振兴。

本书的出版是为响应我国对传统手工艺文化振兴的号召，在传统工艺文化与旅游深度融合中打造适应现代旅游需要的生活产品，推进新型文化业态和旅游产业经济步上新的台阶，促进传统工艺振兴。我们应加强民族文化学习，发展民族文化产业，打造民族文化品牌，以实际行动促进优秀民族文化及产业高质量发展。我们应深挖传统工艺文化，研究民族传统工艺，助推高等院校传统工艺文化课程建设，引领当代大学生去传承、保护和发展民族文化。

本书在行业专家和出版社共同努力下，从学术性、专业性、规范性、前瞻性方面进行打造，旨在推动高等院校传统工艺文化教育，传承中华工艺精神，弘扬手工智慧，培养当代青年的家国情怀和精进精神，增强民族文化自信。

作者

2024 年 3 月

教学进程安排

课时分配	第一单元	第二单元	第三单元	合计
授课时数	6	6	6	18
实操时数	4	20	30	54
合计	10	26	36	72

课程概况

"传统工艺文创产品设计"是一门传统工艺文化创意产品设计与实践课程，是为学生学习传统工艺文创产品理论研究、开发、设计、生产、品牌建构等系统知识，践行文创产品设计与制作，衍生产品设计与制作而开设的。本课程内容包括传统工艺文化概论、传统工艺文创产品设计解析、传统工艺文创产品设计与实践三个单元。本书力求向读者呈现完整的传统工艺文创产品的文化脉络、设计解析、设计与实践，在创造性转化和创新性发展中不断开发新产品，在创新中不忘对传统文化的传承、保护和发展。

教学目的

通过本课程的学习，学生可以全面了解传统工艺文化的历史渊源及发展、类别及艺术特征，能系统掌握传统工艺文化守旧创新的方法和技能、产品设计和创作方法、文创产品衍生创意的应用，能掌握文化创意设计手段、制作流程和方法。本课程旨在培养学生独立设计与制作文创产品的实践能力和创新能力，使学生掌握民族工艺产品开发、传统工艺文创产品设计与制作、衍生产品设计与制作的知识。

目 录

第一单元　传统工艺文化概论

课题一　传统工艺概述

一、传统工艺的含义

　　传统工艺的含义涵盖了广义与狭义的不同层面。广义的传统工艺是指人类为了生产生活的需要，长期凝练、逐渐形成的生产工艺流程、工艺手段、工艺措施、工艺方法等，包括民间手工艺、饮食工艺、建筑工艺、纺织工艺、家具工艺等。狭义的传统工艺是指传统手工艺文化，"传统"一词通常被理解为"手工制作"，包括许多不同类型的技术，如年画、黏土画、纸马、绘画、砖雕、陶瓷、皮影、蜡染、绣花、织锦、剪纸、风筝、脸谱面具、吹糖人、金属、矿物等手工艺制作。这些民俗技术被人们广泛地接受并传承和发展，是人类文化遗产的一个重要组成部分。

二、传统工艺启蒙

　　最早的传统工艺可以追溯到原始社会的旧石器时代中期，人类祖先在选取石器的硬度、重量的同时也开始了对石器外形和大小的塑造，在制作和使用石器工具的过程中，讲求趁手和便携，于是逐渐形成了对称、均衡的审美取向。如山西襄汾丁村遗址发掘的大三棱尖状器的外形轮廓基本对称，上部粗大厚实，便于手握，端部锋利、突出，宜用于攻击，两部分形成鲜明的对比，开始具有一定的生活美学（图1-1）。

　　在旧石器时代晚期，人类开始有了对线条与色彩的审美追求。北京周口店山顶洞人遗址中出土了许多

图 1-1　大三棱尖状器　山西襄汾丁村出土　中国国家博物馆藏

精美的手工雕刻品，如人工穿孔的兽牙、兽骨、玉石和海蚶壳等（图1-2）。这些手工雕刻品经过了切、锯、削、磨、钻等多种技术的加工，其中许多具有鲜艳的色彩。在山顶洞人遗址出土的人类骨骸上有染天然赤铁矿粉的痕迹。赤铁矿粉呈红色，与血液颜色相似。这可能意味着人们已经产生了原始的宗教信仰意识，借助色彩表达寓意。这是人类艺术语言萌芽的表现。

　　新石器时代仰韶文化的发掘，正式开启了国内彩陶文化考古的崭新篇章。1921年，在河南渑池仰韶村遗址出土的彩陶不仅凸显了人类进入新石器时代的鲜明特点，更展现了先民们高超的制陶技艺和独特的审美眼

光。这个跨越公元前 5000 年至前 3000 年的历史时期，正是彩陶文化蓬勃发展的黄金阶段。仰韶文化半坡类型以黑彩为主，常见于钵、盆、尖底罐、鼓腹罐等红陶器上绘制以鱼纹为主的象形纹饰和图案，有些纹样明显具有原始巫术和宗教的寓意（图 1-3）。彩陶中写实的鱼纹，在后期逐渐演变为由三角纹和直线组成的抽象几何纹饰图案，体现出功利性和装饰性的文化功能，成为原始氏族部落人们普遍认同并世代传承的典型符号。由此可见，新石器时代传统工艺文化技艺已经逐渐趋于成熟。

图 1-2　装饰品　距今约 2 万年　北京周口店山顶洞人遗址出土

图 1-3　人面鱼人彩陶盆　新石器时代　仰韶文化　陕西西安半坡遗址出土

三、传统工艺的渊源和发展

（一）青铜和玉器工艺

新石器时代晚期，人们成功掌握了青铜冶铸与锻造技术。这一突破为后世传统工艺的种类和形式注入了新的活力，促使其逐渐丰富与多样化。夏朝时期，

中国古代青铜冶铸技术、器物组合、造型装饰等方面是礼乐文明的体现。如河南偃师二里头青铜器制作工艺已经较为成熟，在器物上有兽面纹、乳钉纹、云纹等装饰，还出现了镶嵌绿松石的青铜饰牌（图 1-4），增强了装饰美感。

图 1-4　镶嵌绿松石兽面纹铜牌饰　夏代晚期　河南偃师二里头出土　二里头夏都遗址博物馆藏

商代及西周时期，青铜图纹装饰表现不断有新的技术融入，其中金文和图案多为铸造。人们掌握了用泥塑和失蜡法制作铜器纹饰，以及镶嵌金银等工艺。2012 年出土的西周时期的户卣，其工匠技艺精湛，显示出与殷文化存在交互影响和传播的特征（图 1-5）。

图 1-5　户卣　西周早期　陕西宝鸡石鼓镇石鼓山 3 号墓出土　陕西省宝鸡市渭滨区博物馆藏

西周礼制玉器，以系列化的组玉佩为代表，其多层多件的璜形玉饰佩以管珠或动物形玉片组合而成。按礼制要求，这一时期玉器的祭天礼地功能减弱，专为逝者而用的葬玉饰件增多，且有很强的形式美和装

饰感（图1-6）。

图1-6 葬玉饰件 西周 山西曲沃县晋侯墓地31号墓出土 山西省考古研究所藏

青铜铸造技术的发展及镌刻刀具的出现，不但促进了玉器工艺的发展，也为其他传统工艺文化的发展创造了条件。

（二）漆器工艺

漆器工艺的发展可以追溯到约8 000年前的新石器时代。到商周时期，漆器工艺已经发展成熟。从目前出土的文物资料分析，漆工艺发展与地域植物生长、土壤和气候有关。北方地区以河南、陕西、河北为代表，南方地区以江西、湖北为代表。这些地区的漆树资源丰富，且人们掌握了提取漆树油脂和后期制作工艺技术。漆器种类丰富多样，是饮食器具的器种，可与青铜器共同形成一套完整的礼器组合。

中国漆树的种植范围广泛，从秦岭、大巴山到武当山，这些地区气候适宜，有利于漆树的生长。从出土文物资料分析，春秋时期的漆器在北方只有零星所见，战国时期的漆器在南方则集中出现在楚系墓葬中。春秋时期的漆器工艺承袭西周时期镶嵌蚌泡的制作方法，并摹画出类似青铜器的窃曲纹饰。战国时期的漆器纹饰绘制更加普遍，圆涡形、云纹形等线条表现流畅，有作乐、宴享、狩猎等题材图像，有红、黑、黄、金、绿等色彩，以及砍斫加工而成的木附件，极大地增添了漆器的艺术感染力。这一时期还出现了漆棺、镇墓兽等漆器制品，以湖北随州曾侯乙墓、随县擂鼓墩墓葬、江陵天星观楚墓出土的漆器为代表（图1-7）。

图1-7 漆木彩绘蟾座凤鸟羽人 战国中期 湖北荆州天星观2号楚墓出土 荆州博物馆藏

（三）纺织工艺

传统纺织技术在西周前就已经存在，而在汉代达到了鼎盛水平，并且产生了丰富多样的物品。西汉时期的墓葬中出土的有丝绸、纱布、锦缎等，以及随葬的各种服装，如单衣、袍子、长裤、手套、袜子、靴子等。徐州地区的东汉祠堂壁画可见其时纺织业的繁荣。新疆罗布泊楼兰故城墓地曾出土"望四海贵富寿为国庆"等汉语文本的织锦，而新疆民丰尼雅遗址则发掘出"万世如意"锦、"延年益寿大宜子孙"鸡鸣枕这样典型的汉地产物。这些古老的传统纺织技术在当今仍有沿袭。通过对上述出土的纺织物品进行深入分析，我们得以一窥中原物产与技术向外传播的历史脉络。这些珍贵的文物不仅揭示了当时贸易来往的活跃性，更展示了丝绸之路沿线文化艺术交流互鉴的深度和广度（图1-8）。

（四）石刻书法工艺

秦朝建立之初，文字以小篆为标准，这标志着先秦时期多种字体混杂使用的局面得到了彻底改变。秦始皇在东巡天下的途中，游览了许多著名的山峰和绝壁，并在这些地方留下了大量歌颂自己功德的摩崖刻石。其中有些刻石保存至今，如琅琊刻石（又称琅琊台刻石）和泰山刻石，它们虽多溢美之词，但可以从中看到秦统一中国后发生的巨大社会变化及其历史作用，具有很高的历史、文化、学术等研究价值。

图1-8 "万世如意"铭文锦袍 汉代 新疆和田民丰尼雅遗址墓葬出土，新疆维吾尔自治区博物馆藏

两汉碑刻主要来自日常社会的歌功颂德和墓葬神道两个领域。西汉时期的碑刻大多使用笔画方硬的古隶书。东汉时期，隶书趋向成熟，其字形结构从纵向转变为横向。我们从西汉山东曲阜五凤二年（公元前56年）刻石、平邑的麃孝禹碑，以及东汉的曲阜孔庙的乙瑛碑、礼器碑、史晨碑等碑刻中，可见两汉不同时期石刻的不同艺术特征。陕西合阳莘里村出土、西安碑林博物馆收藏的东汉曹全碑，笔画强调"蚕头燕尾"的特征，展现了非凡的石刻技艺（图1-9）。

（五）陶俑工艺

秦汉时期，厚葬之风盛行，陪葬陶俑得到了普及和发展。皇室与贵族的墓穴建造追求既宏大又豪华。随着社会不断进步，陪葬器物如画像石、画像砖等日益受到人们的重视。它们不仅可以用于宫廷的华美装饰，增添宫廷的庄重与典雅，也可以融入普通百姓家，成为家居摆设的一部分，为普通百姓的日常生活增添一份艺术气息。其中最具代表性的秦始皇陵规模宏大，埋藏兵俑和陶马8 000余件。陶俑是一种复杂的艺术形式，由多种不同的工艺技术，如模制、手塑、捏、

贴、塑、刻、画等制作而成，并且可以通过多种方式进行创作。这种艺术形式将圆雕、浮雕、线雕和彩绘等技艺融为一体（图1-10）。

图1-9 曹全碑（拓本局部）东汉 陕西合阳莘里村出土 西安碑林博物馆藏

图1-10 秦始皇陵兵马俑1号坑

（六）金银器工艺

从目前出土的金银器具来看，先秦时期，我国本土的金器稀少，直至汉代，在相关的器物中依然有外来的印记。西汉时期的墓葬，如临淄七王墓、广州南越王墓、盱眙江都王陵和安徽巢湖汉墓，都出土了一些以莲花为主题的裂瓣纹银盒。它们是一种独特的艺术品，由两半组成。其表面刻画着一圈精美的莲花图案，形似莲花在空中绽开。西方金银器的主要生产技术之一就是锤揲，它可以追溯到亚述文明，后来又在波斯帝国的阿契美尼德王朝得到了广泛应用，并以独特的裂瓣纹形式闻名于世。西汉出土的裂瓣纹银器应是外来输入并经过改造的产品（图1-11）。

图1-11　裂瓣纹银盒　战国—西汉　广州西汉南越王墓出土　西汉南越王博物馆藏

汉代王侯墓葬中出现了一种全新的陪葬品——玉衣，它采用掐丝技术，将金片、金丝、金珠等多种材料精细地拼接在一起制作而成。例如，河北定州的东汉中山穆王刘畅墓中，就保存着由掐丝工艺制作的、镶嵌着各种宝石的龙和羊等器物。

由此可见，汉代的金银器品工艺技术是在接受西方技术启发、总结前人经验的基础上逐渐形成的。其中的掐丝技艺到西汉时期广泛应用于各种金器制作中并发展成熟。

（七）青瓷工艺

青瓷工艺起源于距今约3 500年的商代中期，东汉时期进入了成熟阶段。魏晋南北朝时期，青瓷工艺已经达到了相当高的水平，南方和北方所烧青瓷各具特色，呈现出地域文化和工艺技术的差异。在浙江省绍兴市、宁波市、余姚市，江苏省宜兴市，江西省丰城市，福建省福州市、晋江市，湖南省湘阴县，四川省成都市、邛崃市等地，青瓷文化兴盛（图1-12）。

图1-12　青瓷神兽尊　西晋　江苏宜兴周墓墩4号墓出土　南京博物馆藏

东吴、西晋的瓷器造型扁矮浑圆，装饰繁杂，有附贴、模印、刻画、堆塑等多种装饰技法。青瓷通过使用堆塑的方式来展示动物形象，或者使用颜料绘制出鸟类、宠物、植被和天空中的云朵，这说明当时的陶瓷从业者已经熟练地运用了釉下彩的技巧。

（八）年画

描绘"守门将军"的门神便是中国传统木版年画的代表。随着佛教的兴盛及雕版印刷术的进步，唐代出现了许多宗教主题的版画，如《金刚般若波罗蜜经》的卷首图，更是体现出唐代精湛的木版雕刻工艺。北宋庆历年间，毕昇发明了活字印刷术。他的这一先进技术，也间接推动了木版年画的蓬勃发展。宋金时期，"四美图"等优秀作品被进一步完善，使当地的木版年画更加丰富、绚烂。清道光年间，李光庭著《乡言解颐》一书中首次使用"年画"一词，这标志着"年画"一词的正式确立。年画即每年更新的年俗装饰物。清代的年画艺术进入了发展高潮，尤其是木版年画大行其道，如天津杨柳青年画（图1-13、图1-14）。

图 1-13　仙官门神　清代门神　版印笔绘　天津杨柳青

图 1-14　仙官门神　清代门神　版印笔绘　天津杨柳青

年画承载了农耕文化时期工匠对鬼神的敬畏之心，以及对美好生活的追求和向往。北宋时期出现了专门售卖年画的"画市"，当时的年画又称"纸画儿"。北宋孟元老的《东京梦华录》记载了当时木版年画和纸画儿的销售盛况："至州桥投西大街，乃果子行。街北都亭驿（大辽人使驿也），相对梁家珠子铺，余皆卖时行纸画、花果铺席。""街南桑家瓦子……瓦中多有货药、卖卦、喝故衣、探搏、饮食、剃剪、纸画、令曲之类。终日居此，不觉抵暮。""朱雀门外及州桥之西，谓之'果子行'。纸画儿亦在彼处，行贩不绝。""御街游人嬉集，观者如织，卖扑土、木、粉捏小象儿并纸画，看人携归，以为献遗。""十二月……二十四日交年，都人至夜请僧道看经，备酒果送神，烧合家替代钱纸，贴灶马于灶上，以酒糟涂抹灶门，谓之'醉司命'。""近岁节，市井皆印卖门神、钟馗、桃板、桃符，及财门钝驴、回头鹿马、天行帖子。"

上述对宋代盛世的细致描绘，深刻展现了民间年画的蓬勃兴起与繁荣，从而为年画艺术的后续发展奠定了坚实的基础。

（九）皮影艺术

皮影戏又称"影子戏"或"灯影戏"，是一种以兽皮或纸板做成的人物剪影来表演故事的民间戏剧。皮影戏是一种有着深厚文化底蕴的艺术形式，在中国拥有悠久的历史。其起源可追溯至先秦时期，汉朝时皮影戏迈入了新的发展阶段，至宋代更是达到了鼎盛。随后，在元代，皮影戏迅速传播至西亚与欧洲，展现了强大的文化影响力。早在战国末期《韩非子·外储说左上》记载："客有为周君画策者，三年而成。君观之与髹策者同状。周君大怒。画策者曰：'筑十版之墙，凿八尺之牖，而以日始出时加之其上而观。'周君为之，望见其状，尽成龙蛇禽兽车马，万物之状备具，周君大悦。此策之功非不微难也，然其用与素髹策同。"画策之"策"为何物及其在古代的用途尚不得知，然观此策尚需在八尺的大窗户上透过日光观看，方得其妙。这个故事揭示了先民早已懂得利用物体遮挡光线产生影像的原理，而画策者所利用的技术类似于现代的幻灯技术，即用窗户纸做成了底片一样的透光画片，再利用太阳光将竹简画上的图案投影到窗帘布上，形成影像，真有些像皮影中的大影片了。

西汉时期皮影戏迅速发展，各地的称呼也大相径庭，从"羊皮戏"到"影子戏"，再到"驴皮影""灯影戏""土影戏""皮猴戏""纸影戏"等，都可见于当地的民间传统。这种戏曲的表现形式主要是利用动物的肌肤，经过精细的雕琢，再运用透雕技术，将形象变为剪影，然后将这些剪影放置于舞台背景后，让观众欣赏到精彩的表演。据《汉书·外戚传》的记载："上思念李夫人不已，方士齐人少翁言能致其神。乃夜张灯烛，设帷帐，陈酒肉，而令上居他帐，遥望见好女如李夫人之貌，还幄坐而步。又不得就视，上愈益相思悲感，为作诗曰：'是邪，非邪？立而望之，偏何姗姗其来迟！'令乐府诸音家弦歌之。上又自为作赋，以伤悼夫人。"宋代高承的《事物纪原集类·卷九·博弈嬉戏部》〔阎敬校正，明正统十二年（1447）〕也有关于皮影戏的描述："宋朝仁宗时，市人有能谈三国事者，或采其说加缘饰作影，人始为魏吴蜀三分战争之像。"北宋时期的皮影艺术已经至臻成熟。南宋耐得翁《都城纪胜·瓦舍众伎》中记录："影戏，凡影戏乃京师人初以素纸雕镞，后用彩色装皮为之，其话本与讲史书者颇同，大抵真假相半，公忠者雕以正貌，奸邪者与之丑貌，盖亦寓褒贬于世俗之眼戏也。"宋代吴自牧的《梦粱录·卷二十·百戏伎艺》记载："更有弄影戏者，元汴京初以素纸雕镞，自后人巧工精，以羊皮雕形，用以彩色妆饰，不致损坏……"因此，皮影戏讲究精细的雕刻，讲究丰富的表现力，富有变异，讲究透视效果，这些共同构成了其独特的艺术风格。皮影艺术堪称当今影视艺术的鼻祖之一。如图1-15所示为皮影模具。

（十）蜡染工艺

蜡染作为我国传统染织工艺的重要组成部分，其历史可追溯到秦汉时期。蜡染发源于黄河和长江流域，经苗族多次迁徙传到西南地区，往后甚至流传到南亚地区。《贵州通志》记载："用蜡绘花于布而染之，既去蜡，则花纹如绘。"时人称之为"阑干斑布"。

图1-15　皮影模具

吴淑生、田自秉所著《中国染织史》一书详细记载了染织工艺的发展历史。早在五万年前，山顶洞人便已经认识到氧化铁这种矿物质可用作染料。新石器时代的祖先们不仅能够应用矿物质染料，还开始探索将植物作为染料。到了商代，人们已经掌握了红、黄、蓝三原色，并巧妙地利用它们调配出更多丰富多彩的间色和复色。周代更有了专门的"染人"官职名，主要负责染色技艺的传承与发展。从《周礼》等古籍中可知，当时已经设有专门负责丝织品染色的官职。楚国甚至设立了专门管理靛青生产的"蓝尹"工官。到了春秋时代，随着生产力的提升，染色技术也得到了改进。人们不仅使用蓼蓝的鲜叶浸液进行染色，还将其加工成靛蓝后再进行染色，使色彩更鲜艳持久。通过深入研究历史资料，我们发现，中国印花技术发明于战国，到了秦汉时期人们开始种植棉花、纺织、染花布，使用蜡缬、夹缬、绞缬等印花技术，其中蜡缬就是蜡防染色，今简称为"蜡染"。西汉有金银加彩三色套印蜡缬。魏晋南北朝盛行蜡染印花棉布。在东晋陶潜所著的《搜神后记》第九卷中，有这样一则记载："淮南陈氏，于田中种豆，忽见二女子，姿色甚美，著紫缬襦，青裙，天雨而衣不湿……"这一奇异的景象令人称奇，也为后世留下了无尽的遐想。其中"著紫缬襦"或是描写穿着紫蓝色蜡染印花上衣的女子。

新疆民丰汉墓出土的蜡染蓝白印花棉布残片被认为是目前已知发现的最早的蜡染实物。在这件残片上，精致的鸟、龙、兽等纹样栩栩如生，且与贵州榕江、丹寨地区的蜡染图案风格有一些相似之处。汉代时，蜡染工艺开始广泛传播与传承。隋唐时期，蜡染工艺已被普遍运用于日常生活之中。而唐代更是蜡染工艺发展的巅峰时期。无论是皇室贵胄，还是富家百姓，皆以身着蜡染服饰为荣。蜡染服饰被视为身份与品位的象征。这一风尚在唐代的绘画作品、三彩陶塑及壁画作品中均得到了印证。诸如张萱的《捣练图》和《虢国夫人游春图》等绘画作品中，妇女服饰及鞍褥织物上均可见精美的蜡染图案。这些图案充分证明了蜡染技艺在当时社会中的盛行与辉煌。在敦煌莫高窟130窟的第一层壁画下，考古学家发现了大量唐代废置的蜡缬残幡，这些珍贵的文物揭示了唐代精湛的蜡染技艺。同时，丝绸之路沿线出土的蜡缬实物，以及日本正仓院珍藏的我国唐代的树羊蜡染屏风，都为我们提供了宝贵的实物证据，展现了当时蜡染技艺的高超与普及。这些发现不仅证明了蜡染在唐代社会中的重要地位，也为我们深入了解和研究古代蜡染文化提供了重要线索。宋代之后，随着中原及江南地区生产力的显著提升，一种以石灰豆浆与蓝靛染料结合作为染织的新工艺——"药斑布"逐渐崭露头角，后世将其俗称为"蓝印花布"。这种新工艺因加工成本相对较低而生产效率较高，逐渐在市场中占据了主导地位，而传统的蜡染技术则逐渐被淘汰。自此以后，蜡染技艺在全国范围内开始经历由昔日的辉煌逐渐走向衰落的历程，其普及度和影响力也随之日渐式微。在元、明、清时代，由于封建统治者的严酷统治，对蜡染和"药斑布"的打压，染织生产业遭受了沉重的打击。特别是到了清朝末期，随着西方化学合成染料如"阴地科素"和"阴丹士林"等大量涌入我国染织市场，传统蜡染技艺面临了前所未有的挑战。这些外来染料的普及和应用，不仅改变了人们的审美观念，还进一步挤压了蜡染技艺的生存空间，使其在市场上的地位逐渐边缘化。中原及江南地区的传统蜡染工艺及蓝靛染料技术逐渐被新兴的印染工艺和技术取代，蜡染文化在这些地区逐渐衰退，迁徙到西南地区的少数民族由于受到大山阻隔、交通闭塞、自给自足的农耕经济的影响，反而使蜡染工艺得到了较好的保存和发展。如今，西南地区，特别是贵州的布依族、苗族、水族、瑶族、仡佬族，以及僮家人居住的地区，蜡染文化得以代代相传，生生不息（图1-16）。

图1-16 鹭鸟纹彩色蜡染褶裙　宋代　1987年平坝棺材洞出土　贵州省博物馆藏

（十一）刺绣织锦

刺绣在古代曾被称为"黹"或"针黹"，而在现代更为人们所熟知的则是"绣花"。它是通过精巧的针刺，牵引着丝线，在精心设计的花样指引下，于织物面料上灵活穿刺、运针，从而编织出一幅幅精美的装饰图案。因其独特的工艺和细腻的刺绣手法，刺绣又被誉为"针绣"。

史前人类就采用文身、纹面及纹绩服装等方式来展示自我的创造力。随后，人们开始尝试用线将图像符号缝制在衣物上，并逐渐发展成为刺绣工艺。刺绣最早的实物证据可追溯至战国时期的锁绣衣料。更早的《尚书·益稷》提到了"绨绣"，这显示了刺绣在帝王服饰中的应用。古代统治者以刺绣的方式，将宗彝、藻、火、粉米、黼、黻等纹样绣制在衣物上，以彰显其尊贵与威严。考古发现的殷商时期铜觯上黏附的菱形纹刺绣残片，展示了刺绣技艺的细腻与精湛，其所用针法疑为平绣。河南安阳殷墟妇好墓出土的玉人，其身上的龙袍与各种纹样，更是体现了早期刺绣的华丽与精致。玉人身上的服饰被视为最早的"黼衣绣裳"的实物。

陕西宝鸡茹家庄的西周大墓中发现了刺绣裂痕。这种用辫子股绣出花纹外轮廓，再用毛笔填绘的手法，古称"画绩"，展现了刺绣与绘画的完美结合。而在山西绛县横水西周墓地发现的荒帷，更是为我们呈现了一幅精美的刺绣画卷。在这件红色的丝织品上，凤鸟图案栩栩如生，大凤鸟的侧面形象威严而气势磅礴，小凤鸟则显得更为温婉含蓄，整个图案组合生动和谐，充满了动感与生命力（图1-17、图1-18）。

图1-17　花树对鹿纹锦残片　唐代

图1-18　联珠狩猎纹锦　唐代

在湖北江陵马山一号楚墓中，考古人员发掘出了丰富的刺绣纹样，包括优雅的花冠凤纹、灵动的鹤鹿花草纹、生动的雁衔花草纹、威严的龙凤虎纹、华丽的蟠龙飞凤纹及独特的变体凤纹等（图1-19）。而在长沙马王堆汉墓中出土的丝织刺绣品，则展示了"信期绣"与"长寿绣"等独特的艺术风格。这些绣品普遍采用了锁绣法，针法精细且流畅，展现出了相较于织锦更为高超的艺术性。

图1-19　罗地龙凤虎纹绣　战国　1982年湖北江陵马山一号墓出土　荆州博物馆藏

自古以来，刺绣多由女性之手精心绣制，因此常被誉为"女红"，是女性才艺与巧思的集中展现。刺绣艺术自诞生之初，便以其独特的形态，在同时期的纺织品艺术形式中脱颖而出，提供了更为自由的创作空间。随着刺绣技艺的不断演进与表现内容的日益丰富，各地的刺绣纹样逐渐形成了多样化的风格，彰显出鲜明的地域文化特色。刺绣不仅是人们日常生活中的实用装饰品，更是一部反映古代中华人民智慧与审美情趣的艺术史诗。

（十二）剪纸工艺

考古专家和历史学者基于对众多考古发现的深入分析，提出了关于剪纸艺术起源的新见解。他们认为，这种艺术形式可追溯到远古的仰韶文化时期，当时已为剪纸艺术的发展播下了种子。随后，在黄河流域这片肥沃的文化土壤中，剪纸艺术得到了进一步滋养和发展，其技艺与风格逐渐变得丰富多样。到了魏晋时期，剪纸艺术迎来了它的兴盛时刻，开始在更广泛的范围内被人们所认识和欣赏。这一论断不仅揭示了剪纸艺术深厚的历史底蕴，也为进一步研究和传承这一珍贵的文化遗产提供了重要线索。由于纸质材料不易保存，目前尚未发现最初的剪纸实物标本，因此我们只能依据与剪纸相关的特征和技艺进行考察。从黄河流域丰富的出土文物中，我们注意到了河南渑池仰韶村新石器时代彩陶上的独特纹饰。这些图案中，几何纹和鱼纹交织在一起，既展现了原始艺术的纯真与质朴，又透露出一种古朴而深邃的美感。到了商周时代，青铜器上的装饰图案更是丰富多样，饕餮、夔龙、凤、蝉等奇禽异兽形象栩栩如生，云、雷、气象等自然元素也被巧妙地融入其中。这些图案布局巧妙，既有疏密有致的空间感，又不失整体的和谐统一，主次分明，虚实得当，极具装饰趣味。尤为引人注目的是，这些纹饰风格与剪纸艺术在某些方面有着异曲同工之妙，展现了中华民族传统艺术之间的深厚渊源与相互影响。

东汉造纸术发明之后，纸张逐渐普及，为剪纸的运用提供了物质基础。根据南北朝时期梁宗懔所著的《荆楚岁时记》记载："正月七日为人日，以七种菜为羹，剪彩为人，或镂金薄为人，以贴屏风，亦戴之头鬓，又造华胜以相遗。"唐代诗人李商隐在其《人日即事》中，也提到了这一风俗，诗句"镂金作胜传荆俗，翦彩为人起晋风"便是对此的生动描绘。在这里，"薄"是指金属打成的薄片，而"彩"则代表各种颜色的丝绸或绢帛。由此可见，古人所说的"华胜"实际上就是用"金薄"刻镂或用五彩丝绢剪成的剪纸作品。如今，在日本博物馆中保存着我国唐朝至德年间(公元756—758年)的两幅人形"华胜"残片。这些珍贵的文物以"金薄"剪成图案，并以红绿罗作为花叶衬托，色彩鲜艳、工艺精湛。这些残片不仅是研究古代剪纸艺术的重要实物资料，也是中华优秀传统文化在世界范围内传播的有力证据。

我们还可以从"纸钱""皮影戏"的形态演变中探究和追溯剪纸艺术的源流。古人最初使用刀具进行镂刻和镂空来打造艺术品，而后随着剪刀的普及和使用，人们开始尝试以剪刀为工具，在皮革、金属箔片、缣绢等多种材料上进行创作，形成了独具特色的剪皮艺术和剪箔艺术，这些艺术为后来的剪纸艺术奠定了坚实的基础。可以说，剪皮艺术和剪箔艺术，以及更早的镂刻和镂空技艺，共同构成了剪纸艺术的前身，它们为剪纸艺术的发展提供了宝贵的经验和深刻的启示。

宋代赵彦卫在其著作《云麓漫抄》中提到："古之纸即缣帛。"这里的"缣"是指细密的绢，"帛"则泛指各类丝织品，尤其是用于绘画的丝质材料。可见，古人所言的缣帛或绢，在广义上都是丝织品的称谓。这些丝织品在书画创作中的用途与纸的功能颇为相似，都承担着艺术的创作与文化的传承任务。因此，可以推测我国古代的纸的制造技艺，其起源很可能与蚕丝有着密不可分的关系，或许是从蚕丝的制作工艺中逐渐演化而来的。此外，从新疆吐鲁番阿斯塔那墓中出土的北朝时期的剪纸作品，也为我们揭示了剪纸艺术的形成和发展过程。这些剪纸实物不仅在内容和形式上独具特色，更在应用层面展现出了浓厚的宗教色彩。它们不仅是艺术的瑰宝，更是承载着丰富的历史与文化信息的珍贵文物。

在新疆地区出土的晋至唐代的殉葬品中，发现有纸钱和纸人，且纸人的数量恰好为7枚。这一发现与文献记载相互印证，表明在当时，人们确实将剪纸作为死者的殉葬品之一，用以崇信佛教、祭奠鬼神。尽管这些纸钱和纸人在艺术形态上并不完全等同于现代意义上的剪纸艺术，但它们的出现无疑标志着剪纸艺术处于萌芽和初步发展的阶段。自东汉末期以来，佛教开始传入中国，并逐渐在各地传播开来。到了魏晋南北朝时期，新疆地区已成为佛教兴盛的重要区域之一。在这一时期，无论是士大夫还是庶民百姓，都普遍"俗喜鬼神而好佛"。剪纸作为殉葬品，主要用于为逝者招魂，正是当时人们意识形态的反映。值得一提的是，当时的人们已经开始懂得用纸代替其他薄片材料来剪成各种物象。这一点在出土的许多晋代的纸鞋、纸帽、纸腰带、纸靴等物品中得到了充分体现。这些物品不仅展示了剪纸艺术的初步应用，也进一步证明了剪纸艺术在当时已逐渐形成与发展。此外，《封氏闻见记·卷六·纸钱》中关于"纸钱魏晋已来始有其事"的记载，不仅为我们了解剪纸艺术的产生提供了重要的历史线索，也进一步证实了剪纸艺术在中国古代文化中的重要地位和作用。

从印染镂花版蜡染图案窥探剪纸艺术的踪迹。吐鲁番阿斯塔那古墓群发掘出的西凉时期（公元400—421年，即东晋末年）的蓝底白色印花绢，其图案特征是小团花之间并无直接连接，而是呈现出间断的排列，间隔宽度在1～2毫米。这一特征尤其凸显了镂空花版工艺的高超水平。特别值得关注的是，这些小团花中的小圆点直径仅为约3毫米，如此高的精细度显然无法通过木板雕刻来实现。在于田县屋于来克古城遗址中，考古学家们还发现了北朝时期的蓝底印花毛织物，其图案风格与上述西凉印花绢颇为相似，但花纹的组织结构更复杂。到了唐代，出土的缬印花织物不仅在图案内容上增加了人物、树木、山石、动物等元素，而且其点线组合更加纤细流畅，技艺水平明显超越了晋代和南北朝时期。这种高度精致的印花效果只有依靠镂空型纸罗版印染技术才能实现。由此可推测，在晋代以后的新疆地区，剪纸艺术已经被应用于纸花版印染工艺中。

在新疆地区发掘的魏晋南北朝时期纺织品图案中，我们可以清晰观察到团花剪纸艺术已经初步形成。这些出土文物的图案，相较于汉代常见的云气走兽纹样，已经发生了显著的变化。此时，图案的主要内容已经转变为人物、禽鸟、野兽及植物的形象，这种转变不仅丰富了图案的多样性，也标志着艺术风格的一次重要演进。这种以对称形式为特点的图案风格，在后来的唐代更是达到了巅峰。在唐代纺织品图案中，对称构图不仅被广泛地应用于团花剪纸中，也成为各种纺织品图案设计的重要法则。这种对称美学在唐代纺织品图案中的盛行，不仅体现了当时工艺技术的精湛，也反映了人们对和谐、平衡之美的追求。因此，从新疆地区出土的魏晋南北朝时期纺织品图案中，我们可以推测出当时团花剪纸艺术正处于初步形成的阶段。

东汉时期，蔡伦虽然发明了造纸术，但剪纸艺术并未随之立即产生。相反，剪纸艺术的形成应该是在魏晋时期。根据潘吉星在《关于造纸术的起源：中国古代造纸技术史专题研究之一》中的研究，从"絮纸"逐步发展到早期的麻纸，再到东汉的麻纸，最后演变为树皮纸，这一系列的历史演变过程表明，造纸技术是在不断的演进中完善的。在蔡伦改进造纸术之前，所生产的麻纸质量较为粗厚，表面纤维束较多，甚至夹杂着未完全打散的麻筋和麻绳头，其纤维组织结构松散、交织不紧密，分布也不均匀。这种低质量的纸并不适用于剪纸，因为剪纸需要镂空，且线条必须紧密相连，而这样的纸难以满足这一要求。此外，纸刚被发明时，数量极为有限，珍贵程度可见一斑。建安十年（205年）曹操曾下令曰："自今诸掾属侍中别驾，常以月朔，各进得失，纸书函封，主者朝，常给纸函各一。"（严可均《全三国文·卷二·魏二》）胡冲的《吴历》提到曹丕"以素书所著《典论》及诗赋饷孙权，又以纸写一通与张昭"。曹丕的著作分为书本和简记两部分，书本是曹丕用砚台上的砚石写成的，而简记是曹丕用石刻写成的。可见，当时皇家贵族仍没有普遍使用植物纤维纸作为书写材料。因此，普通百姓更不可能使用这种稀有的麻纸制作剪纸。尽管蔡伦后来改用树皮、麻头和破布作为原料造纸，使纸张价格降低，但要使这种纸得到广泛推广和应用，还需要时间。因此，从蔡伦改进造纸术到魏晋时期，民间广泛用纸的可能性并不大。直到晋代以后，纸张大量生产，剪纸艺术才有可能在民间广泛流行（图1-20）。

（十三）脸谱面具

脸谱面具的诞生，可以追溯至原始人类的活动。在全球范围内，史前时期的面具多有发现（图1-21）。

在人类社会启蒙时期，面具伴随着原始人类混沌思维的具象化表达需求，随着社会的进步而逐渐诞生。这些先民们，为了在与自然的较量中取得胜利，为了维护群体内部的秩序与和谐，为了战胜敌对部落，甚至为了尝试与超自然的鬼神进行沟通，创造了面具这

图1-20　敦煌莫高窟出土的五代群塔与双鹿　五代　大英博物馆藏

图1-21　红山文化女神像　1981年辽宁牛河梁红山文化遗址出土　辽宁省文物考古研究院藏

一独特的文化符号。面具的起源是一个既多元又复杂的过程，它深深植根于原始人类的狩猎活动之中，并与他们对图腾的崇拜、部落间的战争及神秘的巫术仪式紧密相连。这些活动共同为面具的诞生与发展提供了肥沃的土壤，使其在人类社会中占据了举足轻重的地位（图1-22—图1-25）。

图1-22　商代青铜兽面吞口（陕西城固苏村出土）

图1-23　西周青铜马冠（美国芝加哥艺术学院藏）

图1-24　青铜人面具　1976年陕西汉中城固宝山苏村出土　陕西历史博物馆藏

图 1-25　西周青铜假面（美国芝加哥艺术学院藏）

　　傩祭活动是古老而神秘的仪式，自商周时代起，便在中国大地上持续盛行，直至明清时期仍保持着旺盛的生命力。在这漫长的历史长河中，傩祭活动的内容和形式都在不断发展和变化，以适应不同时代的社会文化背景。根据贵州民族大学民俗文化学者顾朴光教授在其著作《中国面具史》中的深入探索，我们得以窥见面具在人类社会发展进程中的演进轨迹。面具的形成与发展，经历了漫长的史前时期，包括旧石器时代和新石器时代。这一时期，人们开始尝试用各种材料制作简易的面具，以表达他们对神秘力量的敬畏和追求。随后，面具进入了发展更为显著的上古时代，即夏、商、周、春秋、战国时期。在这一时期，面具的制作技术日益成熟，形式也更多样化。同时，随着傩祭活动的盛行，面具在仪式中的作用也愈发重要，成为沟通人与神灵、驱邪避害的重要媒介。可以说，傩祭活动与面具的发展是相辅相成的，傩祭活动的盛行推动了面具制作技术的进步，而面具的多样化又丰富了傩祭活动的内涵和形式。

　　在商周时期，傩祭活动被细致地划分为宫廷傩、民间傩和军傩三种形式。《论语·乡党》中有描述："乡人傩，朝服而立于阼阶。"这句话生动地描绘了当时民众参与迎神驱鬼的民间傩祭活动时的情景。他们身着庄重严肃的服饰，整齐地站在道旁的台阶上，以表达对此仪式的恭敬与重视，不敢有丝毫的怠慢与轻视。而在《吕氏春秋·仲夏纪·古乐》中，我们还能找到

关于傩祭活动的另一番描绘："昔葛天氏之乐，三人操牛尾投足以歌八阕，一曰《载民》，二曰《玄鸟》，三曰《遂草木》，四曰《奋五谷》，五曰《敬天常》，六曰《建帝功》，七曰《依地德》，八曰《总万物之极》。"这里的"八阕"是指八段各具特色的舞蹈，表演时，舞蹈者手持牛尾，随着歌声的节奏翩翩起舞，吟唱出八段不同内容的歌词。这些舞蹈和歌词不仅展现了傩祭活动的丰富多样，也反映了当时人们对自然、神灵和社会的深刻理解与敬畏之情。

　　在面具艺术发展的中古时代，即从秦、汉、三国，历经两晋、南北朝、隋、唐，直至五代十国，面具艺术逐渐走向成熟。特别是汉代以后，宫廷傩的规模逐渐扩大，其宗教祭祀性质逐渐淡化，而娱乐性和表演性则日益凸显。其中，汉代宫廷傩的一大创新是引入了"十二兽舞"。表演者们身着兽皮、头戴形态各异的面具，一边翩翩起舞，一边模拟追逐恶鬼的场景，为观众带来了视觉与听觉的双重享受。到了南北朝时期，荆楚地区的傩祭活动发展到了新的高度。这一阶段，佛教神祇如金刚、力士等元素开始融入傩祭仪式和傩舞表演中，使傩祭活动更加开放和包容（图 1-26）。这种开放性的发展不仅丰富了傩祭的内涵，也为其注入了新的活力。进入两宋时期，宫廷傩迎来了前所未有的繁荣。唐人段安节在《乐府杂录·驱傩》中为我们提供了有力的证据："用方相四人，戴冠及面具，黄金为四目，衣熊裘，执戈，扬盾，口作'傩''傩'之声，以除逐也。"这段描述证明中古时代的面具艺术在宫廷傩的推动下得到了长足的发展。综上，从汉

图 1-26　西汉玉铺首（陕西兴平茂陵出土）

代的"十二兽舞"到南北朝时期的佛教元素融入，再到两宋时期的繁荣盛况，面具艺术在傩祭活动中发挥着越来越重要的作用。

面具艺术发展到近古时代，即宋、元、明、清时期，迎来了前所未有的繁荣。宋代，驱傩仪式中的神祇形象发生了转变，由传统的方相、神兽变为了将军、判官、钟馗、小妹、土地、灶神等人物角色，且人数众多，达到千余人。每个角色都佩戴着独具特色的面具，其种类繁多，令人目不暇接。南宋陆游在《老学庵笔记》中记载了一个有趣的故事："政和中大傩，下桂府进面具，比进到，称'一副'。初讶其少，乃是以八百枚为一副，老少妍陋无一相似者，乃大惊。"这一描述生动展现了当时面具制作的精湛技艺和丰富多样的艺术风格。然而，随着宋末元初的历史变迁，宫廷傩逐渐走向衰落，而民间傩则如雨后春笋般蓬勃发展起来。民间傩的节目形式丰富多彩，包括《跳弥勒》《土地公婆》《跳五神》《判官捉鬼》《伞舞》《魁星点斗》等，它们大多数都在傩祭仪式中表演，也有一些节目会单独进行演出。在民间傩的繁荣发展下，傩舞逐渐吸收戏剧元素，演变为了傩戏。据傩学专家推测，傩戏的形成大约可追溯到南宋宝祐年代。南宋诗人刘镗在古诗《观傩》中写道："鬼神变化供剧戏"，这里的"剧戏"便是指傩戏。随着时间的推移，傩戏在元末明初逐渐成熟，并在明代中期以后广泛流行于全国各地，甚至从中原地区流传至江西一带，并逐渐影响了西南民族地区。近古时代的面具艺术在民间傩的推动下达到了新的高峰（图1-27—图1-29）。

在经历漫长的孕育、成长、成熟和繁荣过程后，面具艺术逐渐形成了稳定且多样化的表现模式。起初，面具主要被用于宗教祭祀活动中，用以"驱疫病"或"驱邪纳吉"，承载着人们对健康与吉祥的美好祈愿。然而，随着岁月的流逝，面具艺术的功能逐渐拓展，超越了单纯的宗教范畴，演变为娱乐性质更突出的傩仪、傩舞、傩戏等多种艺术形式。郭净所著的《中国面具文化》一书从文化类型的空间分布和传承情况的角度，对中国面具文化进行了深入的分析和分类。根据这一研究，中国面具被划分为五种主要类型，分别为藏面具、傩面具、百戏面具、彝族面具和萨满面具。这五种面具

图1-27 江户时代舞乐面陵王（日本奈良春日大社藏）

图1-28 江西傩戏面具大将军

图 1-29　湖南傩戏面具崇黑虎

图 1-30　近代藏族"跳十二相"面具

图 1-31　近代藏面具

类型不仅各具特色，而且在各自的文化背景和地域环境中蕴含着丰富的历史积淀和文化内涵。藏面具作为藏族文化的重要组成部分，以其独特的造型和深刻的寓意反映了藏族人民的宗教信仰和审美观念。傩面具则与古老的傩祭活动紧密相连，其夸张的表情和鲜明的色彩展现了傩文化的神秘与活力。百戏面具则多用于各类戏曲表演中，通过丰富的面部表情和生动的形象刻画，为观众提供了视觉与听觉的双重享受。彝族面具和萨满面具则分别体现了彝族和萨满教文化的独特韵味，它们不仅是面具艺术宝库中的瑰宝，更是传承和弘扬民族文化的重要媒介。这五种面具类型不仅展示了中国面具艺术的多样性和丰富性，也反映了不同民族和文化之间的交流与融合（图 1-30、图 1-31）。

综上所述，传统工艺在历史发展的长河中，经历了与五千年中华文明相互交融的漫长过程。在各族人民劳动和智慧的缔造下，这些工艺在生产生活中不断创造转化和创新发展，逐渐形成了今天的文化艺术形态。不同类型的传统工艺从远古时期萌芽，到近古时期发展，其文化内涵和技艺水平逐渐走向成熟并展现出创新活力，形成了多样性的特色。进入近代、现代工业文明时期，传统工艺在变革中发展，在发展中创新，其制作流程逐渐融合了半机械化和半手工技艺的特点，形成了今天丰富多彩、形式多样的传统工艺文创产品。

课题二　传统工艺类别

一、从材质类别划分

（一）金属制品

1.黄金饰品

黄金因其稀有贵重与独特的物理性质和化学性质而备受瞩目，它的稳定性尤为卓越。无论是在空气中，还是经受高温炙烤，黄金都能保持其本色，不被氧化所影响。这种出色的抗腐蚀性，使黄金在众多材料中脱颖而出，成为首饰、纪念品、奖章等传统手工艺品制作的理想选择（图1-32）。

图 1-32　黄金饰品

2.白银饰品

作为一种常见的贵金属，白银具有出色的化学稳定性和很好的延展性、导热性，以及独特的美学特质。因此，在传统手工艺制作品中，白银常被用作原材料，通过锻造加工成各种白银饰品，这些饰品在民族地区深受人们喜爱。白银被广泛用于各类工艺品和实用品的制作。作为首饰，白银的纯净光泽与精湛的工艺完美结合，展现出别样的风情；作为装饰品，白银能够提升生活的品位并增添雅致的氛围。在餐具制作方面，白银因其防腐性能和光泽而成为尊贵用餐体验的象征。此外，白银还常被制成礼品、奖章和纪念币等，用以表达敬意、纪念重要时刻。在民族地区，白银以

其独特的魅力和价值，成为不可或缺的一部分（图1-33）。

图 1-33　白银饰品

3.黄铜饰品

黄铜作为人类最早使用的金属之一，有着数千年的辉煌历史。自古以来，黄铜便以其独特的性能和广泛的应用领域，在人类文明的发展中扮演着举足轻重的角色。从最初的工具制造到后来的艺术品创作，黄铜的应用领域不断拓宽，充分展示了人类智慧和创造力的卓越成就。在传统手工艺中，由于黄铜具有良好的延展性和加工性能，因此常被用作原材料，通过锻造加工制成日常生活用具，如刀、锥、钻、环、铜镜及各种装饰品等（图1-34）。

4.铁饰品

传统铁饰品的制作需要经过多道工序，包括设计、锻造、打磨、防锈处理、上色等。匠人们需凭借丰富的经验和精湛的技艺，将一块块铁料打造成形态各异的饰品。在锻造过程中，匠人们需要掌握火候、锤打力度等关键因素，以确保铁饰品的坚固耐用和美观大方。铁饰品更是以其独特的韵味和美感，成为居家装饰中的亮点（图1-35）。

图1-34 黄铜龙头龟

图1-35 居家装饰

们更加细心和专注。而对于雕刻造型结构简单、形象比较概括的作品,雕刻师可以选择更疏松的木质材料,如椴木、银杏木、樟木、松木等。这些木材的质地相对较轻,雕刻起来更顺手,能够轻松展现作品的线条和形态。虽然疏松的木质材料可能不如硬木那样具有收藏价值,但在创作一些简约而富有艺术感的作品时,它们同样能够展现出独特的魅力。

图1-36 木雕制品

（二）木料制品

1. 木雕制品

木雕制品种类很多,主要包括案台桌上装饰摆件、宗教活动中的脸谱面具、建筑梁上的装饰（图1-36）。木雕制品选料是根据雕刻工艺的复杂程度来决定的。硬木以其卓越的木质特性,成为制作精细复杂的木雕制品不可或缺的材料。如红木、黄杨木、花梨木、扁桃木、椰木等硬木品种,这些硬木不仅木质坚韧、纹理细密、色泽光亮,而且具备雕刻所需的各项优点,是雕刻师心中的首选材料。这些硬木能够完美地呈现结构复杂和造型精细的作品,且在制作和保存过程中都能保持其完整性,不易断裂受损,因此极具收藏价值。然而,雕刻硬木作品时需要付出更多的努力和耐心,因为硬木的硬度较高,易损耗刀具,要求雕刻师

在木雕选料的过程中,雕刻师需根据作品的造型起伏需求精心挑选材料。对于造型起伏较大的作品,宜选用天然木质纹理变化丰富的木材,这样能够更好地凸显作品的艺术韵味和层次;而造型动态越婉转流畅,对木纹走向的要求越高,理想的木纹走向往往能带来出人意料的视觉效果,使作品更加灵动且具装饰性。值得注意的是,在造型设计时,纹理丰富的木材应以高度概括为主,避免过于复杂或体积过小的设计,这样不仅可以更好地显现木材的天然纹理之美,也能防止在视觉上产生不必要的杂乱和反差。因此,在着手创作一件木雕作品之前,深入了解木材的肌理与物性,选择能够充分展现作品形式与内容的材料,显得尤为重要（图1-37、图1-38）。

图 1-37　木透雕作品

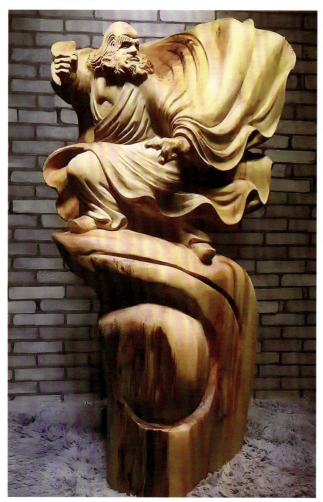

图 1-38　木圆雕作品

2. 木构制品

木构制品是指由木结构制作而成的产品，包括实木卯榫结构建筑物、卯榫结构模型、纪念品及各种小玩具等。这些产品通过卯榫穿插连接的方式形成。木构制品体现了我国古老的传统手工艺文化，并世代传承和发展。木构制品的材料是根据不同区域生产的木料类型和所需建构的产品类别来选择的，通常以乔木为主要的材料。大型木构造建筑物一般选择木质较为松软的杉木、松木为主要材料。在制作小型模型、纪念品和小玩具时，为了确保作品的精致度和耐用性，雕刻师通常会倾向于选择木质细腻、硬度适中且价值较高的木材。在这些优质木材中，紫檀木以其深邃的色泽和细腻的纹理备受推崇；酸枝木则以其红褐色的外观和清晰的纹理为作品增添了一抹亮色；乌木的深黑色调赋予了作品沉稳的气质；瘿木独特的瘤状纹理则让每一件作品都显得独一无二。此外，花梨木、鸡翅木和胡桃木等也都是制作小型模型的理想选择，它们各自独特的色彩和纹理都能为作品增添一份别样的魅力。通过精心挑选这些优质木材，我们能够打造出既美观又耐用的小型模型、纪念品和小玩具，让人们在欣赏它们的同时，也能感受到木材的自然之美（图 1-39）。

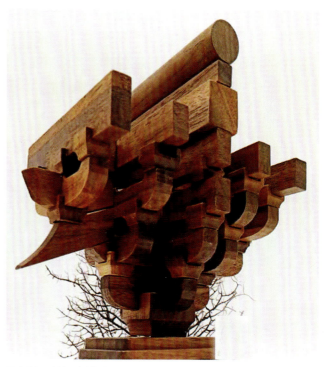

图 1-39　建筑局部模型

3. 综合木制品

综合木制品是指集雕刻工艺与卯榫穿斗工艺为一身的综合工艺制品，如装饰性强的雕刻屏风、精细的雕梁画栋等建筑构件。在西南民族地区，自古以来木材资源丰富，民间因此发展出多种木制雕刻工艺和卯榫穿斗工艺，形成了川派、滇派、黔派雕刻和木结构建筑风格。区域文化的影响和民间艺人间的相互交流，促进了木制品的雕刻工艺和木结构制品的创新与发展（图1-40）。

图 1-40　雕梁画栋建筑

（三）纺织饰品

1. 麻纺饰品

麻，作为一种丰富的植物纤维资源，种类繁多，各具特色。在纺织纤维材料中，苎麻、亚麻、罗布麻、黄麻等优质麻纤维脱颖而出，成为纺织业的重要原料。这些麻纤维在经过精细的加工处理后，能够被纺织成高档面料，展现出其独特的优势。苎麻、亚麻和罗布麻面料具有凉爽、吸湿、透气、硬挺、不易贴身的特性，这些特性使它们成为夏季服装的首选面料。穿上由这些面料制作的服装，人们不仅能够感受到清凉的触感，还能有效吸汗排湿，保持身体干爽舒适。同时，其硬挺的质地使服装具有良好的版型，不易变形，而不易贴身的特性则让人穿着更加自在。因此，这些由麻纤维纺织而成的高档面料深受消费者的喜爱，尤其在夏季，它们更是成为市场上的热销产品。无论是用于制作衬衫、裙子还是裤子，这些面料都能展现出优雅大方的风格，为人们的夏日穿着增添一分清新与舒适（图1-41）。

图 1-41　苎麻蜡染制品

（1）苎麻。这一被誉为"中国草"的植物纤维，在经过精心纺织后，可以制成多种优质的布料。这些布料在经纬纱的规格上，通常选用25～36公支的纱线，这些纱线经过织造形成坯布，再进行印染处理。其中，漂白苎麻布是经过练漂工艺后，再利用荧光增白剂进行处理，使面料呈现出洁白如玉的色泽，光泽度极佳，给人一种清新脱俗的感觉。而杂色苎麻布则呈现出淡雅而鲜亮的色彩，色谱丰富齐全，使用可溶性还原染料进行染色。这种染料不仅洗染性好，色牢度也极高，非常适合制作夏季服装，能很好地满足人们在夏季对服装频繁洗晒的需求。

（2）亚麻。亚麻纤维能够迅速吸水并快速干燥，使穿着者感受到极佳的透气性和散热性，尤其在炎炎夏日，它带给人们的是一分难得的凉爽与舒适。此外，亚麻纤维的拉力较强，天然无卷曲，纤维之间不易抱合，这赋予了它柔软且细度均匀的优点。同时，亚麻纤维的导电性较弱，而膨胀率大，对人体无害，这些特点都使它在纺织领域有着广泛的应用。在纺织加工过程中，亚麻纤维需要经过特殊的预处理，加入热水将胶质成分软化后，再进行纺纱织布。这样织出的布料可以用于纺制高支纱，进而用于制作高端的夏季衣服面料。穿上由亚麻制成的衣物，人们不仅能够感受到其带来的清爽与舒适，更能领略到这种天然纤维所散发出的独特魅力（图1-42）。

图 1-43　黄麻抽纸袋制品

图 1-42　亚麻布桌旗制品

（3）罗布麻。罗布麻纤维比苎麻更细腻，而其单纤维的强力更是棉花的五六倍。同时，罗布麻纤维的延伸率极低，仅有3%，这一特征使它在柔软性方面超越了其他麻纤维。尤其值得一提的是，罗布麻纤维的纤维含量也比其他麻类更高，这使它成为一种极为优良的纺织纤维材料。罗布麻纤维可以与棉、毛、丝等多种纤维进行混纺，从而织成各种混纺棉麻布、呢绒及绢纺绸类产品。这些织品不仅美观大方，而且在实际使用中展现出了比一般织品更出色的耐磨性和耐腐性，还具有吸湿性大、缩水率小等优点。

（4）黄麻。黄麻纤维长而柔软，且带有迷人的光泽，这使得它能够被织成高强度的细丝，展现出了卓越的纺织性能。当黄麻纤维被织成面料时，其吸湿性能尤为出色，能够迅速吸收并散失水分，这一特性使黄麻面料即使在潮湿环境中也能够保持干爽与舒适。因此，黄麻面料在纺织业中得到了广泛应用，尤其是用于制作麻袋和粗麻布等实用物品。这些产品不仅坚固耐用，而且具有良好的透气性和吸湿性（图1-43）。

2. 棉纺织品

棉纤维强度高，能够承受较大的拉伸力，这一特性使棉纺织品在使用过程中展现出了卓越的耐用性。然而，棉纤维的缩水性较大、抗皱性相对较差，这也为棉纺织品的加工和保养带来了一定的挑战。尽管如此，棉纤维的透气性极佳，能够确保棉纺织品蓬松。此外，棉纤维的耐热性和保暖性也相当出色，这使得棉纺织品在不同季节都能发挥良好的作用。更值得一提的是，棉纤维对染料具有良好的吸收性，染色过程容易且能够呈现鲜艳的色泽，这为棉纺织品的多样化设计提供了可能。无论是用于制作日常衣物、床上用品还是装饰品，棉纤维都能发挥其独特的优势，为人们带来舒适的享受（图1-44）。

图 1-44　手工棉布制品

3. 丝纺制品

源自蚕吐出的细丝，我们称之为蚕丝。这一自然赐予的宝贵纤维，正是织造绸缎的核心原料。丝织品的制造过程中，主要分为生织和熟织两大技艺流派。生织工艺，顾名思义，便是直接利用生丝作为经纬线，交织成丝织品。在此过程中，经纬丝无须经过炼染便先行织成织物，称为坯绸。随后，坯绸再经过炼染工序，最终变为成品。这种工艺方法因其成本较低，且流程相对简短，在丝织生产中占据了重要地位。而熟织工艺，则呈现出一种截然不同的制作流程。在此过程中，经纬丝在织造之前便已经过染色处理，随后再进行织造，最终直接形成成品丝绸面料。这种工艺无须后续的炼染工序，更多地应用于对色彩和品质要求极高的高级丝织物的生产中，展现出其独特的艺术价值。无论是生织还是熟织，都体现了人类的丝纺品制作技艺和深厚的丝绸文化底蕴。

4. 织锦

织锦是纺织工艺派生出来的传统技艺。它由不同颜色的纺织经纬线组成，在纺织时，根据图案造型需要，通过经纬线的穿插与遮挡方法纺织，形成各具特色的传统图案。不同地区、不同技艺、不同个人编织出来的织锦呈现不同的图案风格，这些织锦被广泛应用于人们的服饰和居家生活装饰中。进入工业化、自动化生产时代后，织锦的生产效率得到了大大提高（图1-45）。

5. 刺绣

刺绣是在纺织面料上，通过针线穿插与固定来形成具有装饰性的线型或块型图案的工艺。刺绣工艺种类繁多，且各有特色。其中，蜀绣以其独特的针法和细腻的线条闻名于世，展现出了四川地区的深厚文化底蕴。湘绣则以色彩鲜艳、图案生动而著称，展现出了湖南地区的独特艺术风格。苏绣以其精细的工艺和优雅的图案而备受推崇，代表了江苏地区的精湛技艺。粤绣以其华丽的色彩和丰富的图案，展现出了广东地区的繁荣与开放精神。京绣以其庄重典雅的风格和精湛无比的技艺，成为皇家御用绣品，彰显了北京地区的尊贵地位与典雅风范。鲁绣以其粗犷的风格和独特

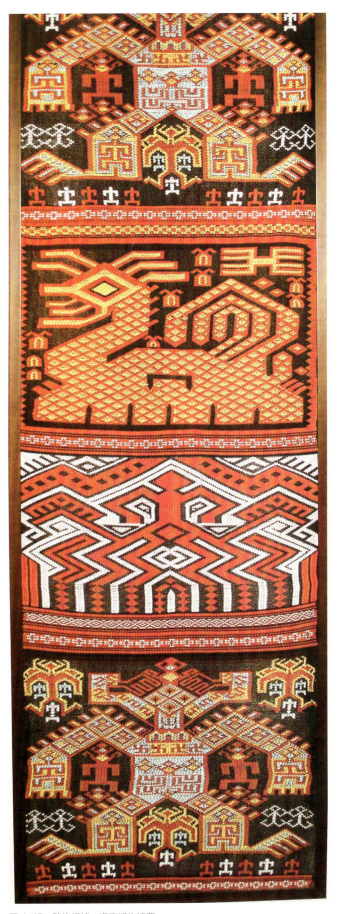

图 1-45　黎族织锦　海南博物馆藏

的图案，展现了山东地区的豪放与大气。瓯绣以其细腻的针法和清新的图案，展现出了浙江地区的清新与秀美。此外，汴绣、杭绣等也各有千秋，共同为中国刺绣艺术增添了丰富的色彩。在刺绣技法上，彩绣以其色彩斑斓、对比强烈而引人注目；包梗绣则以其线条流畅、立体感强而备受喜爱。破线绣（图1-46）、十字绣等技法也各具特色，为刺绣艺术的发展注入了新的活力。同时，堆绣、辫绣、打籽绣等技法更是将刺绣艺术推向了新的高度，展现出中国刺绣的无限魅力。盘筋绣、皱绣、布贴绣等技法也各有独特之处，为刺绣艺术增添了更多的可能性。每一种刺绣都承载着深厚的历史文化内涵和地域特色，是中华民族传统文化的重要组成部分。在传统民族服饰中，刺绣常被用作局部装饰，增添了服饰的华美与韵味。进入现代文明后，刺绣不仅被应用于现代服饰，还被应用于各类文化创意产品的装饰，形成了独具特色的文创产品。

图 1-46　贵州台江苗族破线绣

（四）染织制品

1. 扎染制品

扎染古称"扎缬"，其原理是将染织面料扎成团或用针线按设计要求穿针引线，扎结成各种皱纹形态，之后进行短时间的染色浸泡和提取晾晒氧化过程。在晾晒过程中，被折叠成皱纹的部分难以与空气中的氧气充分接触氧化，使这些部分迟缓氧化或没有被氧化，从而呈现出淡蓝或留白的效果。超过氧化时间，待布面展开后，便呈现出蓝白相间的肌理纹样。在传统染色工艺中，这种工艺方法被广泛用于设计并制作各类服饰产品。图1-47为扎染被套。

图 1-47　扎染被套

2. 夹染制品

夹染古称为"夹缬"，其核心在于使用两块精心雕刻的薄片木板，这两块木板都刻有相同的花纹图案。制作时，工匠们巧妙地将绢或布对折，并将其夹入这两块木板之间。然后，将夹有织品的木板浸入植物染液中染色，之后取出进行空气氧化处理。镂空的雕花部分充分与空气接触并发生氧化，而被雕花遮挡的部分，由于没有被氧气充分接触过，因此保留了原色（白色）。经过阳光下的晾晒，原本经夹染的织物会展现出对称且精美的染色花纹。随着工艺的不断进步，夹染逐渐发展为用镂花油纸版涂色刷印方式来替代传统的木板夹染。在现代染色工艺中，人们常用其工作原理进行创新应用，印染出了各类纹样的制品（图1-48）。

3. 蜡染制品

蜡染古时雅称为"蜡缬"，它利用蜂蜡作为防染材料。在制作时，先将蜡进行高温熔化，然后用特制的铜刀蘸取热蜡，在布面上绘制图案，这一过程被通常称为"封蜡"或"画蜡"。待图案绘制完成后进行染色和固色处理，之后再进行高温水煮脱蜡和清洗，最终呈现出美丽的图案。蜡染工艺常被应用于制作各种民族服饰、家居用品等（图1-49）。

图1-48 夹染装饰提包

图1-49 蜡染服饰

4. 糊染制品

糊染又称为"豆浆染"，主要流传于西南地区的贵州三都水族区域及周边民族地区。糊染的原理主要是利用黄豆浆对植物纤维的强咬合力和黏性，将其作为防染材料来实现阻隔染色。其方法是用加工好的生豆浆粉与清水进行搅拌，有的地区还会添加一定量的石膏粉以增强其黏性，搅拌时要根据黏稠度来调整水的分量，直至形成糊状。接着在已经雕刻好的镂空板图案上，用刮刀进行刮浆（上浆），待其自然阴干后，再进行染色和固色处理，之后，进行晾晒和去浆处理，最终呈现出漂亮的图案。糊染工艺被广泛应用于服饰、家居用品、手工艺品等制作中。（图1-50）。

图1-50 糊染服饰

（五）纸质用品

1. 年画

年画是指逢年过节时，人们贴在家里大门上，用来吉祥纳福、消灾辟邪的吉祥装饰画。在古代，年画主要是采用木版印刷制作的；而现代，多用丝网套色、胶版套色等先进技术印刷，呈现出丰富多彩的纸品年画（图1-51）。

图 1-51　屏风上的年画

腻的笔触描绘了一幅西湖畔的生动画面："桥上少年郎，竞纵纸鸢，以相勾引，相牵鹨截，以线绝者为负，此虽小技，亦有专门。"其中"鸢"指的就是风筝。北宋画作《清明上河图》里也有放风筝的景象。此后，纸成为制作风筝的重要材料，并随着工艺的进步演化出了多种样式（图 1-52）。

图 1-52　风筝

2. 风筝

风筝这一古老的飞行玩具，在古代拥有着一个充满诗意的名字——"纸鸢"。自东汉时期蔡伦发明造纸术之后，纸张这一轻便且坚韧的材料逐渐进入人们的日常生活。随着时间的推移，坊间开始尝试以纸制作风筝，这一创新使风筝的制作变得更加容易且多样化。在魏晋南北朝时期，风筝的功能得到了进一步拓展。人们开始利用其独特的飞行，将其作为传递信息的工具。这一时期的风筝，不仅是在空中翩翩起舞玩具，更是人们远距离沟通的桥梁，传递着重要的信息和情感。到了隋唐时期，随着造纸工业的蓬勃发展，纸张的质量得到了极大提升，民间开始广泛采用纸张裱糊风筝。这就使风筝的制作工艺更加精细，飞行性能更加稳定，也进一步推动了风筝文化的普及和发展。进入宋代，放风筝成为一项深受人们喜爱的户外活动。无论是阳光明媚的春日，还是清风送爽的秋季，人们都会聚集在空旷的场地，放飞各式各样的风筝。这些风筝在空中翻飞、盘旋，给人们带来了无尽的欢乐和惊喜。宋代文人周密在其著作《武林旧事》中，以细

3. 剪纸

剪纸是我国民间文化的精粹，是一门地方性特色鲜明的传统艺术，是我国民间美术的不可或缺的重要组成部分。剪纸艺术凭借其跨越地域的广泛传播，展现了其深厚的文化根基和广泛的群众基础。无论走到哪里，人们都能见到一幅幅精美绝伦的剪纸作品，它们或被贴在窗棂上，或被悬挂在厅堂中，为生活增添了一抹别样的色彩，是大众喜闻乐见的实用工艺美术品。剪纸，顾名思义，是以纸为表现材料，以剪刀或刻刀为工具，通过剪或刻的方式镂空纸张，以夸张的造型手法表现花、草、人物、动物等形象，创作出形式多样的剪纸装饰品（图 1-53、图 1-54）。

4. 纸品

纸品是纸质用品的简称，包括生活卫生用纸、办公用纸、卡纸、包装用纸、装饰花灯用纸等。纸的用途很广泛。将纸质材料用于文创产品的开发中，通过融合传统造纸工艺与现代设计理念来打造文旅产品，是纸品发展的一种创新探索思路。

图 1-53 衬色剪纸（陈文洪作）

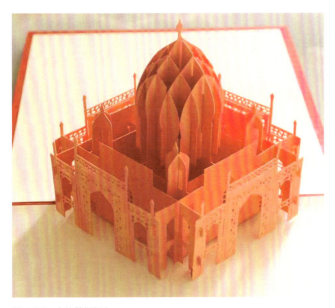

图 1-54 立体剪纸贺卡

（六）陶瓷制品

陶瓷实际上是对陶器和瓷器的统称。传统陶瓷的制作主要依赖黏土等天然硅酸盐作为其核心原料。这些原料经过精心挑选、混合、塑形，再在高温下烧制而成，最终形成了人们手中千姿百态、色彩斑斓的陶瓷制品。陶瓷是我国享誉世界的传统手工艺美术品。陶是以黏性较高、可塑性较强的黏土为主要原料，通过高温煅烧制成。它不透明、有细微气孔并具有微弱

的吸水性，不同质量的黏土制作出的陶器差异较大。瓷则源于黏土、长石与石英的巧妙结合。这些原料经过精心配比与制作，赋予了瓷器独特的性质：半透明、不吸水、抗腐蚀且胎质坚硬紧密。这样的特性使陶瓷在各个领域都有着广泛的应用。传统陶瓷制品的品类繁多，其性能与用途更是各异。建筑卫生陶瓷，以其优良的耐水性和抗腐蚀性，成为建筑行业中不可或缺的材料；日用陶瓷，以其精美的外观和实用的性能，深受人们的喜爱；化工陶瓷，以其耐化学腐蚀的特性，在化工领域大放异彩；工艺美术陶瓷，以其独特的艺术价值，成为收藏家们的宠儿（图1-55）；而电气陶瓷，则以其卓越的绝缘性能，在电气领域发挥着重要作用。

图 1-55 建水填彩紫陶壶

现代陶瓷，也被称为新型陶瓷、精细陶瓷或特种陶瓷，它已不再是传统意义上的硅酸盐制品，而是利用非硅酸盐类化工原料或人工合成原料制作而成的。这些原料中，氧化物如氧化铝、氧化锆、氧化钛等，以及非氧化物如氮化硅、碳化硼等，都扮演着重要的角色。现代陶瓷在性能上相较于传统陶瓷有了显著的提升。其耐高温性能优越，能在高温环境下保持出色的稳定性；硬度也更高，能够有效抵抗外界冲击和磨损。此外，现代陶瓷还具备优异的电绝缘性能，能够有效隔离电流，保障电气安全；同时，其耐腐蚀性能也更出色，能够抵御多种化学物质的侵蚀。更值得一提的是，现代陶瓷的密度较低，使其更适用于轻量化应用。而其耐辐射性更是让现代陶瓷在特殊环境下也能保持稳定

性。随着高新技术产业的蓬勃发展，新型特种陶瓷应运而生，其种类繁多、性能各异，满足了不同领域的需求，也激发了艺术创新应用的尝试。

二、按用途划分

（一）工具制品

传统工艺得以很好地传承和发展，在很大程度取决于其与生活和生产劳动的紧密程度，其中制造工具制品是传统工艺赖以生存发展的重要因素之一。例如，传统金属锻造工艺制成的生活用品，如铁锅、刀具、兵器等；传统竹编工艺制成的工具制品，如箩筐、背篓、鱼篓、簸箕等；传统木工工艺制成的木制品，如木槌、木栓、木柄等；传统陶瓷工艺制成的陶瓷制品，如陶罐、陶碗、陶烟斗等。这些传统工艺都与人们的生活紧密相关。因此，我们运用传统工艺研发和设计文化创意产品时，要紧紧围绕生活用具来思考产品研发方向，才能实现更好的可持续发展（图1-56—图1-58）。

图1-56　竹编工具

图1-57　皮具

图1-58　陶瓷制品

（二）装饰制品

传统工艺制品除了为人们的生活服务，还用于制造装饰品美化人们的生活。艺术美和生活美是人们美好生活的向往，追求美的目标永远在路上。自人类历史发展以来，人们在劳动中不断创造出不同形式的艺术美和生活美。例如，传统工艺的青铜饰品、银饰品、彩陶、刺绣、蜡染、木雕、玉雕、廊檐木雕、装饰牌匾等（图1-59—图1-61），都是为了寄托美好愿望和实现美好装饰而创造的，形成了以装饰功能为主的手工艺装饰形式，满足了人们对艺术美的追求。因此，传统工艺文创产品设计只有从人类美学造物思想出发，从满足人们对美好生活的追求出发，去设计和创造艺术之美，才能实现可持续发展。

图1-59　苗族银饰

图 1-60 陶艺装饰

图 1-61 彝族狄漆装饰画

图 1-62 黄麻包装

图 1-63 彝族漆制纸巾盒

（三）包装制品

传统工艺包装制品（图 1-62—图 1-64），不仅是一种装饰制品，还是一种包装制品。人类在历史进程中不断创造出传统工艺产品的同时，也不断创造产生与其相应配套的包装制品。这些制品的功能不仅仅局限于保护产品，同时还被赋予了相应的装饰功能。例如藏刀刀鞘、首饰收纳盒、陶器酒壶等，这些都与人们日常生活密切相关，它们不仅美化生活，而且服务于生活，与古代造物思想紧密相关。因此，艺术不仅要来源于生活，高于生活，还要服务于生活。

（四）综合制品

传统手艺综合制品综合了多种功能。例如，贵州安顺地戏面具（图 1-65），既是地戏演出中用于遮脸的道具，又是用于烘托和渲染场景气氛的装饰物。苗

图 1-64 扎染酒包装袋

族刺绣背带，既是彰显主人心灵手巧的装饰品，又是具有包裹小孩功能的实用品。同时它还蕴含着对美好生活的追求，寄托着祈求子孙富贵、健康成长的愿望。总之，传统工艺文创产品的开发设计，不仅要追求视觉审美效果，还要赋予其文化内涵，只有使其成为具有思想灵魂的艺术作品，才具有文化价值和艺术价值（图1-66）。

图1-65　贵州安顺地戏面具

图1-66　贵州彝族漆器文创产品

三、按工艺手段和方法划分

（一）化学反应工艺制作产品

化学反应工艺制作产品通常是指通过化学反应技法和手段加工生产出来的各种制品。这些制品由原始物理材料演变成另一种物理材料，其分子结构发生了改变，在制作加工过程通过改变其物理性质来形成产品。例如，陶艺制品是从泥土物质经过成型、干燥和高温煅烧等工艺形成的，其物理性质发生了改变；青铜制品是从铜矿材料经过高温冶炼，提炼出铜液，再经过模型固化成型、冷却焊接、打磨等工艺形成的；玻璃制品则是从玻璃矿物质经过高温熔融，提炼出玻璃液，再经过成型、冷却固化形成的（图1-67—图1-70）。

图1-67　四川陶瓷文创产品

图1-68　土陶制品

图 1-69 烧窑制陶

图 1-70 紫陶成品

绣、织或拼贴等手段完成的；玉雕制品就是玉石材料物理性质没有改变，作者利用刀具，按造型要素进行雕刻形成的；蜡染制品就是纺织材料（如棉质、麻质、丝质等）物理性质没有发生改变，作者通过防染材料——蜡进行图案绘制、染色、脱蜡等工序加工形成的；剪纸制品就是纸质材料物理性质没有发生改变，作者利用剪刀或刻刀，按造型要素进行剪裁或刻画形成的。

图 1-71 雕刻过程

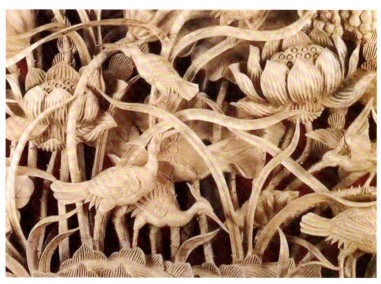

图 1-72 木雕作品

（二）物理反应工艺制作产品

物理反应工艺制作产品是指以物理技法和手段进行加工制作，没有改变材料的物理分子属性，通过对物理材料进行增减，以重构或解构的方式，按照艺术造型的规律进行艺术加工处理，形成的具有审美价值的传统工艺文创产品。例如，木雕制品就是木质材料物理性质没有改变，作者利用刀具，按造型要素进行雕刻形成的（图1-71、图1-72）；刺绣制品就是绣（织）线纤维的物理性质没有改变，作者按造型要素，通过

课题三　传统工艺文化特征

图 1-74　黄铜元宝牛

一、形制和工艺规范化

传统工艺产品的主要特征之一是制作工艺精湛、工整、精细，这些构成了其美学原则的重要基础。从古代的青铜器、石刻作品、木雕作品、陶瓷作品、刺绣作品，到近现代的传统木雕工艺、陶瓷工艺、金属工艺、刺绣工艺等作品，无一不展现出令人惊叹的生产工艺、高超手法和精湛技艺。随着科学技术的发展，智能科技与传统艺术相结合，半手工与半自动化相结合，使传统工艺文创产品的生产更加规范化，生产效率也实现了突破性提高（图 1-73、图 1-74）。

二、形制和工艺程式化

传统工艺美术属于生活应用美术，服务于人们的生活。随着社会经济的发展和人们生活水平的提高，传统工艺美术生产工艺经过人类长期的生产经验总结和优化，在特定时间形成了相对固定的生产方式，能够实现规模化生产，从而显著提高了生产效率并带来了可观的经济效益。因此，传统工艺美术产品外观造型相对固定，方便重复或复制生产，程式化特征较为明显。

进入智能化时代，部分传统工艺加工生产被智能化机器生产所替代，其造型更加工整、规范，其程式化特征更加凸显。例如，智能木雕，先通过计算机软件进行三维建模，然后将数据输入三维雕刻机，从而可批量生产出相同的木雕工艺产品。智能刺绣，先通过计算机软件设计二维图案，再将数据传输到刺绣智能机，从而可批量生产出刺绣作品。智能化生产方式大大提高了生产效率，降低了人工成本，促进了经济发展（图 1-75、图 1-76）。

图 1-73　黔西北清代敖家墓石刻

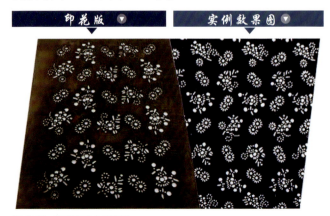

图 1-75　智能印染之豆浆染

图 1-76　智能刺绣之蜀绣

三、形制和工艺个性化

　　我国地域辽阔，有 56 个民族，不同地区有着不同的民族文化和风俗习惯。人们通过不同的活态文化形式来传承与发展这些民族文化和风俗习惯，其中，传统工艺美术作为一个重要的活态文化载体，体现了各民族的文化精神符号。民族文化符号特征主要表现在文化元素、工艺技法、造型表现、色彩表现等方面。这些文化符号特征是特定的民族数千年来通过劳动凝练和文化积淀形成的它们构成了各自族群的文化识别标志。以民族服饰为例，不同地区、不同民族的服饰款式、样式、刺绣装饰图案均存在显著的个性文化符号特征（图 1-77）。再以彝族漆器工艺器物为例，彝族漆器髹饰技艺是国家级非物质文化遗产，它以优质杜鹃木、酸枝木、樟木等为原料，经过锯、刨、磨、粘等工序加工和打磨，在器形表面用漆绘图案纹饰，从而形成了独特的民族文化特征。漆器髹饰的图案以水波纹、鱼纹、月纹、太阳纹、动物纹、人物纹、几何纹为主，其色彩主要为黑、红、黄三种颜色。其寓意庄重、威严，整体色彩浓烈、明快，体现彝族人民强烈的民族情感（图 1-78）。

四、形制和工艺生活化

　　传统工艺产品的形制和工艺是为人类生活服务的。在漫长的农耕时代，人类为了生存和发展，逐渐形成

图 1-77　苗族服饰

图 1-78　彝族漆器

了满足生活需求的传统工艺。这些传统工艺的形制与人们的生活紧密关联，只有与生活化联系越紧密，其加工工艺才会越成熟和发达。例如，古代青铜器的产生和发展是服务于人们生产生活的；建筑形制是为了给人们遮风挡雨；玉镯形制是为了美化人们的生活，陶冶人们情操；服饰形制是为了人们生活保暖和满足个性审美需求等。传统工艺的传承和发展，与时代需求密不可分。它的形制和工艺在前人基础上不断优化和完善，旨在更好地为人类社会各阶层服务（图 1-79、图 1-80）。

图 1-79 竹编文创产品

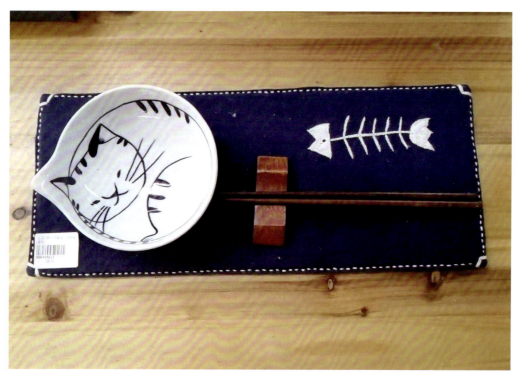

图 1-80 餐垫文创产品

　　总之，传统工艺文化的传承、保护、振兴，需要紧密围绕人们的生活需求去创造性保护和创新性发展，以确保其具有可持续性。创造性保护和创新性发展需要结合时代的时尚美学和文化传承，结合现代设计理念，结合现代都市生活美学进行创意设计，从而生产出具有时代美感的文化创意产品。

课题四　传统工艺研究方法

传统工艺种类繁多复杂，遍及全国，散落在各民族乡村山寨中。有些传统工艺逐渐被遗忘并面临失传风险，对其进行抢救、保护、传承和研究是一项艰难的、长期的工作。传统工艺研究方法有文献资料研究法、田野调研法、比较分析法、类别分析法和案例分析法等。

一、文献资料研究法

关于传统工艺研究，自古以来文人墨客通过文学作品进行记载，并积累了一定的理论成果。现当代学者与专家在传统工艺领域也取得显著的成果，并留下了丰富的文献资料。关于传统工艺的再研究，可以通过查阅这些文献资料进行收集和整理，在总结前人理论基础上进行理论创新研究，从文献资料中发现新问题，激发新思维、新创意、新设计、新方法，从而不断优化和创新，推动传统工艺高质量传承发展。

二、田野调研法

田野调研法作为获取第一手资料的方式，是传统工艺研究最直接的研究方法之一。通过田野调研，可以实现收集素材，并运用记录、拍摄、录视频、现场采访等方式获取信息资料，然后对这些一手资料进行归纳、整理、总结，形成具有价值的数据和理论依据。在此基础上，结合既有知识经验与调研数据、理论资料，进行整合和分析，可以提出独立的见解和主张。这一过程不仅有助于深化对传统工艺的理解，还能为传统工艺创新发展提供理论基础，从而推动其持续发展。

三、比较分析法

比较分析法分为横向资料分析和纵向资料分析。横向资料分析是指针对特定某一时期的成果资料，通过学术论坛、学术报告、论著、论文、调研报告、图片、实物资料等进行比较分析，找出问题，得出结论，然后归纳为研究参考文献资料。例如，针对玉雕工艺文化，可以选取同一时期，对不同区域、不同民族的玉雕工艺技法和文化内涵等进行比较分析，归纳和总结其艺术特点。纵向资料分析是指对从古至今的研究成果进行前后变化分析，通过找出前后差异变化和演变规律，总结出传统工艺在长期演变过程中的各种变化现象。这些最终都可被归纳为研究参考文献资料。例如，在博物馆针对刺绣工艺的研究中，可以选取不同时期、不同朝代的刺绣作品，对其工艺技法、图案文化等进行前后演变分析研究，从而总结出刺绣工艺的演变特征和发展规律。

四、类别分析法

类别分析法是指对传统工艺品类别单项进行研究，从其发展渊源、艺术特征、发展演变、用途、开发利用等进行研究的方法。例如苗族服装研究，是对苗族文化历史及服饰渊源，不同区域服饰艺术特征，不同时期服饰形制发展演变、服饰款式、用途演变、开发利用等进行研究。

五、案例分析法——以西南地区传统工艺为例

（一）贵州苗族服饰赏析

1.苗族刺绣服饰

苗族传统刺绣独具一格，其技法种类繁多，呈现形式多样，表现内容主要有花、草、鱼、虫、图腾纹样、几何纹样、概念符号等。不同区域苗族刺绣图案和样式各有不同，表现的色彩、技法、手段、形式、载体都不尽相同，体现了不同地区族群的识别符号和标记。千百年来，图纹符号之间没有相互乱套运用，而是在相互影响、吸收和借鉴中不断完善，最终形成了今天的刺绣形态（图1-76—图1-79）。

2.苗族蜡染服饰

苗族传统蜡染有着悠久的历史，不同地区苗族蜡染服饰图纹各有特色，形式多样，表现内容主要有花、草、

鱼、虫、鸟、图腾纹样、太阳纹、铜鼓纹、几何纹样、概念符号等。不同地区的苗族蜡染服饰的艺术形式差别很大，呈现各自的艺术特色，但其工艺制作流程和表现内容基本相似（图1-81—图1-92）。

图1-83　六枝苗族刺绣服饰

图1-81　台江苗族刺绣服饰

图1-84　从江苗族刺绣服饰

图1-82　雷山苗族刺绣服饰

图1-85　丹寨苗族蜡染服饰（一）

图 1-86 丹寨苗族蜡染服饰（二）

图 1-89 织金苗族蜡染服饰（一）

图 1-87 安顺苗族蜡染服饰

图 1-90 织金苗族蜡染服饰（二）

图 1-88 水城苗族蜡染服饰

图 1-91 黄平偏家（苗族）蜡染服饰（一）

图 1-92　黄平偏家（苗族）蜡染服饰（二）

（二）云南建水紫陶

　　建水紫陶的历史渊源通过考古遗址、文献记载、传世实物佐证，可追溯到新石器时代晚期，形成和发展始于元代，繁荣于明清时期。建水民间有"宋有青瓷、元有青花、明有粗陶、清有紫陶"的说法。建水紫陶不同于宜兴紫砂，其泥料不含砂，非常细腻，黏性很强，采用全手工成型，并以阴刻阳填的方式进行装饰。在烧制过程中，其收缩比约为 20%，工艺复杂且难度大，因此成品率不高。此外，建水紫陶的铁量在 12% 以上，硬度大，且烧制后还需要打磨火皮、无釉抛光的工序，以还原本色。其抛光手法有哑光和水亮光之分，是建水紫陶的独特工艺。紫陶的灵魂是附在面上的人文字画，其字画是先写画，后阴刻，再阳填相应色泥，待烧制成功后经过打磨、抛光，最终呈现出独具中国传统书画的韵味。紫陶的造型典雅古朴，蕴含着厚重的文化底蕴。其质地细腻如丝，触感却坚如钢铁，光泽明亮如清泉之水，温润如玉，敲击之声清脆悦耳，宛若天籁之音。紫陶凭借其独特的艺术魅力与极高的收藏价值，无疑成了难得的收藏珍品与纪念品，深受人们喜爱与珍视（图 1-93—图 1-96）。

图 1-93　填彩泥紫陶（一）

图 1-94　填彩泥紫陶（二）

图 1-95　填彩泥紫陶（三）

图 1-96　填彩泥紫陶（四）

（三）彝族漆器

彝族传统髹漆工艺有着悠久的历史，其色彩搭配主要以黑色、黄色、红色为主色调，表现内容有花草、鱼虫、几何纹、太阳纹、星辰纹、图腾纹等图案。这些图案主要作为装饰，被广泛用于各种器物之上，形式多样，各具特色（图1-97—图1-99）。

图 1-97　彝族漆器（一）

图 1-98　彝族漆器（二）

图 1-99　彝族漆器（三）

单元课题训练

一、课题训练

课题名称：选择一种传统工艺产品并撰写研究报告。

训练学时：课内 4 学时，课外 10 学时。

训练方式：通过查阅传统工艺文化文献资料，独立完成文稿创作。

训练提示：从其历史渊源、发展演变、艺术特征、用途、文创产品开发利用等方面进行研究和构想。

训练要求：借助图书馆和博物馆资源，撰写 4 000 字以上的研究报告。

达到目标：

1.通过课题训练，学生能够掌握传统工艺基础理论，从而提高对传统工艺理论体系的认知能力。

2.通过课题训练，学生能够提高对传统工艺传承和创新的认识能力和表现能力。

3.通过课题训练，学生能够提高对传统工艺的理论探究能力和创新开发设计能力。

二、知识拓展

1.《中国美术史》编写组. 中国美术史 [M]. 北京：高等教育出版社，2019.

2.欧阳英. 外国美术史 [M]. 北京：中国美术学院出版社，2021.

三、理论探究

1. 王树良，张玉花. 中国工艺美术史 [M]. 重庆：重庆大学出版社，2010.

2. 董占军，张爱红，乔凯. 外国工艺美术史 [M]. 北京：清华大学出版社，2012.

第二单元　传统工艺文创产品设计解析

课题一　传统工艺文创产品设计思想

一、传统工艺的新发展

传统工艺保护与传承是近年来的热点。党的十八大以来，党和国家对传统工艺非常重视。2017 年，文化部、工业和信息化部、财政部联合下发了《中国传统工艺振兴计划》，明确倡导"支持具备条件的高校开设传统工艺的相关专业和课程，培养传统工艺专业技术人才和理论研究人才"。

传统工艺历经千百年的沧桑岁月，承载着精湛的民族手工技艺和厚重的文化内涵。它如同一部鲜活的史书，既见证了历史的波澜壮阔，也为人们揭示了历史文化的深厚底蕴。作为历史文化传统的重要载体，传统工艺不仅传递着历史文化的核心价值，更深刻地展示了历史文化的内在结构和独特模式。它不仅是技艺的传承，更是文化的传承，让我们能够从中感受到民族的智慧和创造力。在新时代，传统工艺文创产品设计是依托传统工艺文化的内在结构和独特模式进行的再创造和再设计。

二、中国古代造物思想的启迪

中国古代造物思想，如同明灯般指引着古代工匠们的造物活动。从陶器、青铜器到丝织品、木制品等，无一不凝聚着古人的造物思想和智慧。古人将这些造物思想和智慧融入有形器物中，使其焕发出独特的魅力。更值得一提的是，通过丝绸之路这条文化交流的纽带，中华优秀传统工艺文化得以传播至世界各地，让更多人领略到中国古代造物的独特魅力与深厚底蕴。

中国古代造物思想，凝聚在诸多经典著作中，如《周易》深邃的哲理，《考工记》对工艺技术的详尽记载，《天工开物》对自然与工艺的融合思考，《木经》对房屋建筑技术的记载，《长物志》对生活艺术的细致描绘，《营造法式》对建筑营造规范的总结，《髹饰录》对漆艺的精湛解析，《陶记》是对陶瓷制作的深刻洞察，以及《园冶》对园林艺术的精妙诠释。同时，老子、孔子、墨子、孟子、庄子等诸子百家的思想，也为古代造物活动提供了宝贵的理论指导。他们提出的"重己役物"强调人的主体性，"致用利人"注重实用性，"审曲面势、各随其宜"强调顺应自然与材料的特性，"巧法造化"追求工艺与自然的完美融合，"技以载道"认为技艺是传达思想的重要手段，"文质彬彬"则追求形式与内容的和谐统一。这些精辟的理论，不仅在古代引领了辉煌的造物成就，而且在今天仍然对中外设计文化理论和创意设计实践产生着深远的影响。

（一）"天人合一""道器合一"的哲学造物观

"天人合一"与"道器合一"的造物观，是中国古代哲学在人与自然关系上的深刻思考。《庄子·内篇·齐物论》中"天地与我并生，而万物与我为一""以天合天"的论述，均体现了人与自然的和谐共生；《孟子·尽心章句上》则教诲我们"万物皆备于我""上下与天地同流"，强调人类与自然界的紧密联系。在《髹饰录》中，"凡工人之作为器物，犹天地之造化"一语，揭示了器物制造与天地自然的紧密关联。古代匠人们在造物时，力求实现"天""地""人"三者的统一。他们尊重自然、顺应自然，追求"天人合一"的至高境界。同时，他们深刻理解"道"的内涵，将无形之"道"融入有形之"器"中，力求实现"道器合一"。这种思想既体现了器物与精神文化的辩证统一，也展示了中国古代造物哲学的高深之处。"天人合一"与"道器合一"的造物哲学，对当代传统工艺产品的创新创意设计具有重要的指导意义。它们与我们提倡的"生态文明观""可持续发展观""人与自然和谐发展"，以及"人与自然是生命共同体"等观点高度契合，共同体现了中国传统造物思想的精髓。在新时代，这些思想也将成为"人类命运共同体"及"中国制造"未来发展的重要指导思想，引领我们走向更加和谐、可持续的未来。

（二）"师法自然"的自然造物观

在探讨传统工艺文创产品的制作过程中，《考工记》与《髹饰录》等古籍为我们提供了深刻的造物思想。这些思想强调了"天时、地气、材美、工巧"四个要素在制造优秀器物时的重要性。"天时"是指四季的气候变化。古人认为，天地间的灵气与四季的气候变化息息相关，这种变化会对造物活动产生深远影响。因此，在制造器物时，必须尊重自然规律，顺应"天时"，选取合适的材料。"地气"涉及自然地理位置、地域环境及文化传统。在设计和制造器物时，需要充分考虑这些因素，将器物与使用环境相结合，确保器物的实用性和文化适应性。这种因地制宜的做法，体现了古人对自然和文化传统的尊重与融合。"天时"与"地气"作为造物的客体，强调了自然和文化传统因素在制造器物过程中的重要性。它们是制造器物的先决条件，为工匠们提供了创造优秀作品的基石。而"材美"与"工巧"则是造物的主体。工匠们需要根据材料的

特性，运用合适的工艺和加工方法，使器物呈现出最佳的效果。这种对材料特性和工艺技术的精通，体现了工匠们的专业素养和创造力。一件优秀的传统工艺文创产品在制作过程中，必须使"天时、地气、材美、工巧"四个方面完美融合。这四个要素缺一不可，共同构成了传统工艺文创产品制作的核心理念。

（三）"格物致用""以身度物"的哲学造物观

《考工记》中的"审曲面势，以饬五材"，"室中度以几，堂上度以筵"，"车人为车……柯长三尺"的造物思想，进一步强调了造物尺度与人的尺度之间的关系。它要求在设计器物时，要严格按照人体的尺度和尺寸标准进行设计，以确保器物的舒适性和实用性。这种以人的体验为中心的设计理念，在陶瓷器、青铜器、家具、服饰等各个方面都得到了充分体现。老子的"大音希声、大象无形"则进一步深化了这一理念，他提倡在满足实用需求的基础上，再去追求美的外在形态，即实用与美观并重。荀子提出的"重己役物"造物思想，其核心理念在于以人为本，驾驭物质材料，通过造物活动创造出的器物应服务于人类生活，满足人们的实际需求。墨子则主张"器完而不饰""先质而后文"，他强调的是器物的实用性，认为在满足基本功能的前提下，无须过多地装饰。王符在《潜夫论·务本》中对实用与装饰的辩证关系进行了深入的探讨，他明确指出，百工在制作器物时，应以实用性为根本，而装饰则应为次要。他强调了人的主体地位，认为人不能被物所驱使，也不能被工具所累。这种以人为中心的设计理念，体现了对人性需求的尊重和关怀。

中国古代的造物思想始终贯穿着以人为本、以实用为主、以美观为辅的设计理念。无论是"重己役物""器完而不饰"，还是"审曲面势"，都体现了对人性需求的尊重和对实用性的追求。这种造物思想不仅贯穿了整个中国古代的造物历史，也为后世的造物活动提供了宝贵的启示和借鉴。

（四）"物尽其用""敬天惜物"的节用造物观

《道德经》中的"常善救物，故无弃物，是谓袭明"，深刻揭示了人与万物之间应有的和谐共处之道。

它提醒我们，要尊重自然万物的发展规律，珍惜并充分利用每一份资源。在利用资源的过程中，我们应该秉持节约与合理利用的原则，确保每一份资源都能得到最大化利用，避免任何形式的浪费。《墨子·节用》中提到的"是故古者圣王，制为节用之法"，则是对节约理念的进一步阐述。墨子倡导通过制定节约之法，引导民众珍惜财物，避免过度消费和浪费，从而减轻民众的劳苦。这种节约的思想不仅体现了对资源的珍视，也体现了对民众福祉的深切关怀。而李渔在《闲情偶寄》中提出的"坚而后论工拙"，则是对造物实用价值的强调。他认为，在造物过程中，首先应该追求的是坚固耐用的实用价值，确保物品能够满足人们的实际需求，在此基础上，再进一步追求物品的美观与精致。这种先实用后美观的理念，体现了对材料最大使用价值的追求，也体现了对造物艺术的深刻理解。

无论是《道德经》的"常善救物"，还是《墨子·节用》的"制为节用之法"，抑或是李渔的"坚而后论工拙"，都在不同角度强调了人与万物之间的和谐共处、资源的合理利用及造物的实用价值。这些思想不仅对人们今天的生活有着重要的指导意义，也为未来的可持续发展提供了宝贵的启示。

三、新时代指导思想引领文创产品设计

"师法自然""天人合一""道器合一"等深厚的造物思想，实则蕴含了"以人为本""格物致用""以身度物""物尽其用"及"敬天惜物"等多重造物设计理念。这些理念不仅体现了对自然的敬畏与顺应，更凸显了人类智慧与自然和谐共生的关系。在悠久的造物历史长河中，我国古代先民凭借卓越的技艺和深刻的思考，为我们留下了无数珍贵的传统工艺实物作品。这些作品不仅是技艺的结晶，更是传统工艺造物思想的生动体现。

在当代社会背景下，我们要以习近平新时代中国特色社会主义思想为指导，坚持"百花齐放、百家争鸣"的方针，积极推动传统工艺造物思想与现代设计理念的融合创新。我们要深入挖掘传统工艺造物思想的精

髓，将其与当代生活需求紧密结合，为改善人民群众的生活服务。同时，我们也要注重传统工艺的传承与创新，通过培养新一代工匠，使传统工艺展现出蓬勃的生机与活力。

（一）新时代的指导思想引领产品设计

在推动传统工艺文创产品设计的过程中，我们要深入贯彻习近平总书记在党的二十大报告中提出的"牢牢掌握党对意识形态工作领导权""坚持创造性转化、创新性发展""传承中华优秀传统文化"，将传统工艺与现代设计相结合，让传统工艺焕发出新的生机与活力。我们在发展社会主义先进文化和弘扬革命文化的同时，始终坚守"不忘本来、吸收外来、面向未来"的原则。通过深入挖掘传统工艺的精髓和文化内涵，结合现代审美需求和生活方式，我们努力构筑具有中国精神、中国价值、中国力量的文创产品。为了加强文物保护利用和文化遗产保护传承，要注重在文创产品设计中融入传统工艺元素，让人们在欣赏和使用文创产品的同时，感受到中华文化的博大精深。健全现代文化产业体系和市场体系，创新生产经营机制，完善文化经济政策，为传统工艺文创产品的发展提供有力保障。积极培养新型文化业态，推动传统工艺与现代科技的结合，利用数字化技术为传统工艺注入新的活力。通过打造具有创意性和竞争力的传统工艺文创产品，我们要为人民群众提供更加丰富多样的精神文化享受，也要为传统工艺的传承和发展贡献力量。

（二）贯彻落实国家战略部署的总要求

文创设计师要深刻领会并全面贯彻落实党的二十大精神，特别是习近平总书记关于非物质文化遗产保护工作的重要指示精神。坚决执行中共中央办公厅、国务院办公厅印发的《关于进一步加强非物质文化遗产保护工作的意见》，将非物质文化遗产保护纳入国家文化发展战略，确保其得到系统性、整体性保护。紧密围绕《"十四五"旅游业发展规划》和《"十四五"非物质文化遗产保护规划》的要求，推动非物质文化遗产与旅游产业的深度融合，以非物质文化遗产丰富旅游的文化内涵，以旅游促进非物质文化遗产的传播

与传承。积极响应文化和旅游部《关于推动非物质文化遗产与旅游深度融合发展的通知》的总要求，深入挖掘非物质文化遗产的文化价值和经济价值，创新非物质文化遗产传承方式，拓宽非物质文化遗产展示途径，让非物质文化遗产在旅游发展中焕发新的活力。在具体实践中，文创设计要注重非物质文化遗产项目的活化利用，通过举办非物质文化遗产展览、演出、体验活动等形式，让游客近距离感受非物质文化遗产的魅力。鼓励非物质文化遗产代表性传承人与旅游从业者开展深度合作，共同开发非物质文化遗产旅游产品，丰富旅游市场产品供给。

非物质文化遗产是中华优秀传统文化的重要组成部分，是旅游的重要资源，丰富了旅游的文化内涵。旅游为非物质文化遗产的展示与传承提供了更广阔的实践舞台和丰富多样的应用场景。它不仅让非物质文化遗产在现代社会焕发新的生机与活力，更成为推动非物质文化遗产传承与创新的重要动力。深化非物质文化遗产与旅游的融合发展，不仅有助于我们系统、全面地保护非物质文化遗产资源，确保其得到更好的传承与发展，同时也为旅游业的转型升级注入了新的文化内涵与活力，推动了旅游业的健康、可持续发展。这种融合也是满足人民群众日益增长的精神文化需求的重要途径。通过旅游，人们能够更直观地感受到非物质文化遗产的魅力与独特价值，从而增强文化自信和民族认同感。

我们要以社会主义核心价值观为精神旗帜，坚决贯彻以文化塑造旅游、以旅游彰显文化的原则，深刻理解和把握非物质文化遗产保护传承与旅游发展的内在规律和特点。在充分尊重和保护非物质文化遗产的基础上，我们应努力推动非物质文化遗产与旅游在更广泛的领域、更深入的层次、更高的水准上实现深度融合。通过这种融合，我们要让旅游不仅是一种休闲方式，更要成为传承中华优秀传统文化、铸牢中华民族共同体意识、促进人的全面发展及服务人民群众追求高品质生活的重要平台和载体。

在推动旅游发展的进程中，我们应深切尊重非物质文化遗产的独特形式和深刻内涵，致力于保护非物

质文化遗产的传承环境和空间，确保传承群体的合法权益得到充分保障，同时，为传承群体参与旅游发展提供必要的便利条件，从而确保非物质文化遗产得到长久的保护和可持续的利用。在非物质文化遗产的保护与传承工作中，坚持创造性转化和创新性发展的原则，积极适应现代旅游需求及旅游带来的生产生活方式变革。通过不断提升非物质文化遗产的传承发展利用的水平，为旅游业提供源源不断、丰富多彩的文化资源。在促进非物质文化遗产与旅游深度融合发展的过程中，大力弘扬非物质文化遗产所蕴含的人类共同价值观念和思想情感，通过讲述中华优秀传统文化故事，推动中华文化更好地走向世界舞台，展现其独特魅力和价值。

文化和旅游部发布《关于推动非物质文化遗产与旅游深度融合发展的通知》所明确的重点任务中，特别强调了要找准各门类非物质文化遗产与旅游融合发展的契合处、联结点。其中的重要举措之一就是要积极开发传统工艺产品，丰富旅游商品内涵。

（三）"创造性转化和创新性发展"引领产品设计

在"创造性转化和创新性发展"的理念引领下，我们将传统工艺民族文化遗产以创新的意识转化为一种现实需要，从而使传统工艺文化遗产得到活态保护。如借鉴现代设计理念，对传统美学进行创新性重构，旨在将非物质文化遗产传统工艺与现代审美和生活需求相融合，努力打造既符合现代审美趋势，又能满足现实生活需求的非遗传统工艺时尚产品。这些工艺时尚产品不仅保留了非遗传统工艺的独特韵味，更注入了现代设计的创新元素，使之焕发出新的活力。开展非物质文化遗产"生产性保护"和"生活性保护"新经济模式，旨在帮助传承人群实现非遗传统工艺"指尖经济"与社会消费之间的可持续性链接，让匠心技艺与大众审美碰撞融合，在自然与历史的互动中，再现中国传统文化"非遗大工匠"的精进精神。在全球文化创意产业蓬勃发展的时代背景下，信息化、智能化、大数据等技术的崛起正引领着全球经济和文化价值体系的深刻变革。在这一历史交汇点上，传统工艺文化在新时代的指导思想指引下，必将坚定文化自信，砥砺前行，

实现传统工艺文化振兴的伟大梦想。我们深信，通过不断挖掘和传承传统工艺文化的精髓，结合现代科技的创新力量，传统工艺文化必将在新时代焕发出更加绚丽的光彩，为文化强国建设贡献智慧和力量。

1.创造性转化

创造性转化是一个从既有基础出发，结合新意，实现"旧"与"新"融合的过程，可主要从以下方面切入进行设计。

（1）应用创造转化

应用创造转化是一种实用功能性转化，是指将原来的应用功能通过创造性方式转化为全新的功能。这种在过去没有见过，也没有这样应用过。例如，竹编工艺原是用于制造农业生产工具或用具，现在通过提升编制工艺，用于茶具等用品的外壳装饰，形成了新的文创产品（图2-1）。

（2）衍生创造转化

衍生创造转化是指从一个已经存在的实物或现象，通过某种变化或转化形成新的实物或现象。传统工艺产品设计通过对原型图案文化进行衍生转化，形成新的实物产品。例如，农民画的图像，通过现代科学技术印刷，形成了新的文创产品（图2-2）。

（3）设计创造转化

设计创造转化是指旧工艺新设计，根据传统工艺文化，通过新设计方法和手段转化，形成新的造物。例如，利用苗绣工艺手段，设计制作出新的图案样式，形成新的装饰文创产品（图2-3）。

农用竹编工具

竹编饰茶罐

图2-1　应用创造转化

农民画

丝质礼品

图 2-2　衍生创造转化

侗族花围裙

纪念品蝴蝶吊件

图2-3　侗族盘绣工艺设计转化

黎族刺绣

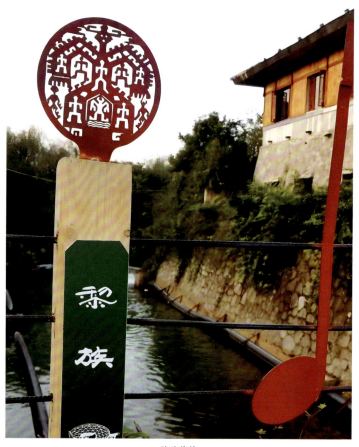

铁艺装饰

图 2-4　黎族刺绣转化铁艺装饰

（4）材料创造转化

材料创造转化是对传统材料进行替换，通过利用传统工艺方法和手段进行造物，形成新的文创产品。例如，皮影戏道具演变为剪纸艺术，就是由皮质材料演变为纸质材料的变化（图 2-4）。

2. 创新性发展

创新性发展是从"旧"到"新"的创新变化过程，主要从以下方面切入并实现。

（1）文化元素创新

文化元素包含有形元素和无形元素，其元素创新可通过改造原型或借助抽象概念创造性重塑新元素，如将蜡染、刺绣图腾图案进行重构，并运用到现代装饰用品或服饰中（图 2-5—图 2-8）。

（2）加工工艺创新

加工工艺创新是对原有传统加工工艺进行提升改造，用现代科学工艺技术取代落后的加工工艺技术，提高生产效率和工艺品质。如激光雕刻工艺以其高效精准的特性，逐渐取代了传统的手工雕刻方式，显著提升了工作效率，有效降低了人工成本，从而显著增强了产品的市场竞争力（图 2-9—图 2-11）。

（3）材料与工艺创新

材料与工艺创新是对材料与工艺结合的创新思考，通过不断探索新材料与新工艺，创新发展传统工艺，从而不断取得进步，实现文创产品的新突破（图 2-12—图 2-13）。

（4）图像艺术创新

图像艺术创新是艺术创作设计的一种，依靠作者创作设计灵感来完成，从而形成新的艺术图像。这些创新图像是通过作者已有经验、灵感或写生演化设计形成的，最终应用传统工艺手法制作完成文创产品。

图 2-5　蜡染元素创新

图 2-7　民族元素创新（一）

图 2-6　马尾绣元素创新

图 2-8　民族元素创新（二）

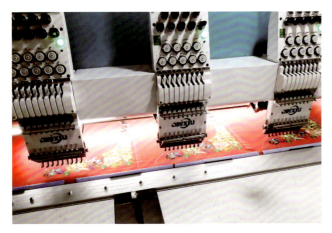

图 2-9　智能机刺绣

图 2-10　智能机画蜡

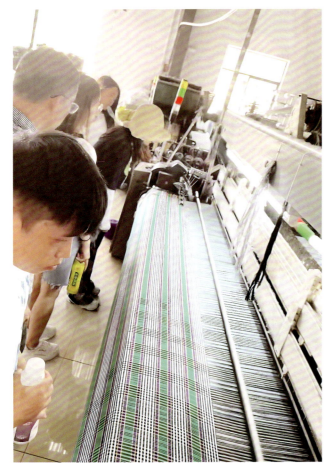

图 2-11　智能机织锦

图 2-12　冰箱贴三星堆纪念品

图 2-13　铁片拼接东方龙

四、当代传统工艺文创产品设计审美评价

传统工艺文创产品设计是由工业产品设计领域衍生出的一门设计学科。传统工艺承载着中华民族深厚的文化价值观念、智慧结晶和实践经验，是我国非物质文化遗产中不可或缺的一部分。这些工艺与民众生活紧密相连，历经世代传承，常以传统艺术、民间艺术等形式展现其独特魅力。其核心在于功能性与实用性。然

而，随着人类文明的进步和生活品质的持续提升，传统工艺的美观性和艺术性逐渐凸显，超越了其原有的审美功能，成为现代社会中备受瞩目的文化瑰宝。

（一）产品设计造型美

传统工艺文创产品的外在形态是人的第一感官——视觉所接触的，而它是否美观，首先也是由这一感官来判断的。虽然每个人接受知识的程度不同，审美价值取向也不尽相同，但是人们在长期经验中形成的共性审美法则却能得到广泛的认同和共鸣。当美的法则被恰到好处地运用时，结构布局会变得和谐，比例会达到均衡协调，外形轮廓线条也会变得流畅优美，这些都充分展现了时代文化的精神内涵与独特魅力等，这也是大家认可的审美原则。因此，造物外形美是普遍认同的第一评价标准，传统工艺产品设计的外形评价标准主要聚焦于它的外在造型。创作设计产品的第一要务是根据其功能进行外形塑造，并结合美学法则来建构造型形态，从而构成独特的造型美（图2-14）。

图 2-14　宜兴紫砂壶

（二）产品设计材质美

传统工艺文创产品的第二感官评价是对其材料质感和量感的分析，这就形成了材质美。每一种材质在其内在密度、色泽、纹理、稀罕程度等方面，都体现出独特的材质美价值，这是人们普遍认可的价值取向。通过精心设计与巧妙加工，我们力求将材料质地的美感展现得淋漓尽致。例如，象牙雕刻以其温润细腻的质地和独特的纹理，呈现出一种高雅而古朴的美；金

银制品则以其光泽璀璨、富丽堂皇的特质，彰显出尊贵华丽的气质；而玉器则以其晶莹剔透的质感，展现出一种清新脱俗的美。这些传统工艺文创产品都充分展现了各自材质的独特魅力。而环保材质作为一种特殊类型的材料选择，主要强调其绿色天然属性、环保安全性能，以及无毒无害的特性。这类材料在制造和使用过程中具有低排放、低放射等环保优势，符合生态保护的要求。选择这类限定性材料，既体现了对环境保护的责任感，也确保了产品的健康与安全。我们不提倡也不支持对破坏生物链的材料进行设计加工的传统工艺文创产品。对于天然材质肌理较为粗放、纹理浮动较大的石料或木料，适合设计尺度较大的物件，这样更容易从整体体现产品材质优秀的纹理美感。而对于天然材质肌理细腻、纹理浮动较小的石料或木料，则适合设计尺度较小的物件，以更好地展现产品材质的细腻肌理美感（图2-15）。

图 2-15　歙州砚

（三）产品设计色彩美

传统工艺文创产品的魅力，不仅在于其独特的造型美，更在于其丰富的色彩表现。这些色彩既来源于材料本身的天然色泽，又包含了加工过程中附加的绚丽色彩，共同构成了产品的整体美感。例如，金、银、木等制品，以其固有的色彩和纹理，展现出一种质朴而典雅的美；而彝族漆器、染色编织品、彩陶器具、彩色玻璃工艺品等，则经过精心加工，呈现出一种别样的色彩魅力。色彩美是人们评价产品的重要依据之一。因此，造物作品的色彩选择和处理不仅关键，也是产品成功的重要因素（图2-16）。

图 2-16 手包

（四）产品设计装饰美

装饰是形成第一感官视觉冲击力的关键，是集中体现其外在与内在文化元素的视觉艺术形象。装饰的形式和内容是否协调合理、是否巧妙、能否产生美感，是造物装饰和艺术表达需要思考的重点。传统工艺品的装饰美，其核心在于工艺美术品所展现的图案装饰之美。这种美既体现在精致的雕花工艺中，又展现在巧夺天工的图案绘制上。传统工艺品的装饰美源于对传统工艺文化内涵的重塑与表达它实现了内在文化与外在装饰元素的统一，巧妙地将文化元素与艺术形式相融合。这种融合应充分展现艺术文化的典型性特征，经典地呈现造物装饰美和艺术美（图 2-17）。

图 2-17 苏绣手包

（五）产品设计工艺美

工艺是传统工艺文创产品加工制作技艺形成的手段和方法，用什么样的手段和方法就形成什么样的作品形式和风格。例如髹漆工艺，是按髹漆工艺流程将漆涂在器物上，其理想操作环境应当保持在

23～30℃的温度，同时湿度应控制在大约80%，这样的条件有助于确保漆面质量的稳定和美观。每一种材质对应的家具，其髹漆工艺流程不尽相同，因此得到的漆艺效果也不同。所以，传统工艺造物只有运用精湛的技艺，才能造就具有工艺美的产品，这也是人们衡量器物美的重要标准（图 2-18）。

图 2-18 彝族漆艺术签

中华民族的传统工艺丰富多彩，涵盖众多领域。其中包括庄重典雅的青铜器、精美绝伦的陶瓷和珐琅、华丽绚烂的丝绸、匠心独具的雕刻与彩塑、温润如玉的玉器、细腻精致的织锦与刺绣、色彩斑斓的印染与花边、巧手生花的编结与编织、富丽堂皇的地毯与壁挂、古朴典雅的漆器与金银器，以及生动传神的装饰画、年画和农民画等。此外，还有巧夺天工的象牙雕、景泰蓝和雕漆工艺品、典雅别致的宫灯与琉璃制品、栩栩如生的绢花与风筝、寓意吉祥的剪纸与皮影，以及质朴实用的木竹器与砖雕艺术品等。每一种类别材质不同，其生产工艺也不同，其工艺美也有不同的标准。当代艺术设计与传统工艺文化的交流和融合日益密切，传统工艺文化正在"脱壳"，不断创造转化和创新发展，汲取当代艺术设计的养分，使传统工艺文创产品有了更多的创作技巧和中国韵味，更具有时代文化气息。

五、当代传统工艺文创产品设计措施

（一）传统工艺文化与当代文化紧密结合

传统工艺是农耕时代的产物，其活态文化是在自给自足的特定社会环境中逐渐成长并逐渐形成的。它是在浓厚的民族文化社会土壤中扎根成长的。它的传承和发展是依靠师徒或家族式传袭。进入现代文明社会后，科学技术的发展，生产力的提高，智能化不断替代落后的生产力，不断提高了人们的生活品质。原来的传统工艺文化服务与现代人们的生活逐渐不相匹配，甚至有些已被淘汰。传统工艺文化要继续传承、保护和发展，要在保留传统文化根脉的基础上，对传统工艺文化服务的"形式"和"载体"进行"工艺革命"和"文化嫁接"，汲取传统工艺文化的血脉和元素，与当代文化时尚美学相结合，重构符合当代文化审美的体系，打造具有时代文化内涵的传统工艺文创产品（图 2-19）。

图 2-19 斜盖手包

（二）传统工艺文化与现代生活紧密结合

传统工艺文化源于生活、高于生活、服务于生活，是经过数千百年来的劳动经验凝练而成的，与生产、生活关系紧密的工艺文化。不同时代人们的审美观念、生活需求和精神需求都在不断变化。在特定的时代，一些传统工艺文化因逐渐远离人们的生活需求而自然被淘汰，甚至消失。然而，另一些传统工艺文化历史悠久，能承载着民族文化精髓，被不断继承和发扬，不断演变和创新，最终形成了民族文化特色。

纵观传统工艺文化的发展历程，无一不与生活相关，在现代生活中也不例外。只有将传统工艺文化传承、创新与现代时尚生活用品相结合，才能找到传统工艺文化的发展之路；只有将传统工艺文化扎根于现

代时尚生活，对其内涵进行分析和研究，通过解构来吸收和提炼优秀文化元素进而重塑和打造，将优秀传统工艺文化元素与现代时尚生活美学相结合，重构现代生活时尚文化创意产品，才能促进传统工艺文化更好地发展（图 2-20）。

侗族盛装亮布
+
优质牛皮

图 2-20 侗布与牛皮文创

（三）传统工艺文化与产业经济紧密结合

传统工艺文化是手工业社会的产物。在落后的手工业社会，传统工艺产业经济相对落后，手工艺制造产能难以提高，阻碍了传统工艺产业化发展。进入工业发达的现代社会，如何推动传统工艺产业化发展，探索一条符合传统工艺文化发展的道路，以提高经济效益，是我们探究的主题。

一是将智能自动化与手工生产相结合。根据传统工艺文化特点，我们采用自动化与半自动化的加工生产方式，以完成批量生产。例如，我们应用三维雕刻机代替人工手操制作，使刀位更加精确、规范，对于局部智能化加工受限的，可以进行手工后期艺术处理，从而形成了智能自动化与手工辅助相结合的半自动化加工模式。

二是将模块手工生产与车间流水线生产相结合。根据传统工艺文化特点，传统工艺中有一部分是无法

被智能技术替代的。例如，皮具刺绣文创产品加工，我们先将皮具板块进行分割，其中皮具刺绣装饰板块部分根据设计需要进行局部的手工制作，批量加工，而其余部分则可以在后期进行车间流水线生产。这样就能形成完整的皮具文创产品，并提高工作效率。

三是工艺产品流水线制作。根据传统工艺文化特点，我们对其制作工艺进行了改进，采用了批量流水线化的加工方式。这种方式能让工人重复完成程序化的工序，提高工作效率，完成批量生产。例如，建水紫陶器具有泥塑、晾晒、绘制、雕刻、填彩、打磨、煅烧、抛光等工序，我们采用每一道工序批量化生产的方式，实现工序流水线化作业，从而有效提高生产能力（图2-21—图2-23）。

图 2-22　批量晾干

图 2-21　手工制造

图 2-23　批量烧制

课题二　传统工艺文创产品设计原则

传统工艺文创产品设计是现代工业产品设计派生演化的一门新兴工艺设计学科，扎根于千百年世代传承的传统工艺文化土壤。这一设计领域需要吸收传统工艺文化精髓，创新当代时尚工艺文创产品，以服务于现代人民生活。设计中应遵循以下原则。

一、守正创新原则

坚持守正创新，必须坚持正确的政治方向、价值取向和研究导向。设计的产品必须具备正确的、健康的审美价值取向，弘扬社会主义主旋律，能够促进和推动社会经济向前发展。传统工艺文化中有优秀的、健康的部分，我们要取其精华、弃之糟粕，将利弊分开，吸收和传承优秀的传统工艺文化。在开发和设计传统工艺文创产品时要坚持守正创新，发扬社会主义核心价值观、审美观和健康观，传承和发扬中华优秀传统文化。守正创新设计流程如图2-24所示。

图2-24　守正创新设计流程图示

二、本源文化设计原则

中华文化之源头可追溯至遥远的伏羲时代，这是中华文明萌发的初始阶段。伏羲文化不仅奠定了中华文化的基石，更是其深厚根脉所在。它承载着中华民族的智慧与精神，是后世文化发展的不竭源泉。每个民族都有自己的民族文化、自己的民族经典和民族文明，其内涵博大包容，生生不息。传统工艺文化起源于伏羲文化，历经数千年的劳动创造、演变和演化，最终形成了今天的活态文化形态。

创造性转化和创新性发展是传统工艺文化永续发展的源泉。传统工艺文创产品设计是在传统工艺文化基础上进行研究、开发和设计。其产品从内涵到外在形式的建构和打造都是围绕传统工艺元素进行的。其材料运用、工艺手段都不能剥离其原有文化属性，要遵循本源文化进行设计和打造。例如，蜡染工艺文创产品，其材料不能脱离棉质、麻质、丝质等纺织面料；防染工艺不能脱离以蜡作为防染材料的工艺原理，可在功能运用、图案设计、色彩演变等方面进行探究，以实现产品的创新。

因此，本源文化设计原则主要是处理好传统工艺文创产品与本源文化内涵呈现关系，同时兼顾传统工艺文创产品与本源文化工艺传承和保护关系，以及传统工艺文创产品与本源文化工艺创新和发展关系。本源文化设计流程如图2-25所示。

图2-25　本源文化设计流程图示

三、特色文化设计原则

在中华大地上，各民族造就了灿烂多彩的民族文化。其中，经过数千年劳动经验凝练形成的传统工艺文化，其外在形式和内在美均展现出各自的文化特点，其功能用途、材质色彩、构成形式、文化图案等都具有显著特征。文创产品设计造物应根据造物思想设计需要，巧妙利用好这些文化特征进行特色打造，吸收和借鉴先进工艺文化，综合运用到设计中，通过跨越行业和工艺的结合，形成独特的、具有民族文化元素的时尚文化产品。例如，皮具与刺绣结合形成的文创产品。皮具和刺绣是两个不同行业的传统工艺，我们利用皮具的时尚美和刺绣的装饰美特点,将皮具材质、色彩与刺绣图案、工艺相结合,选择适合的刺绣图案作为时尚皮具的局部装饰,形成独特的文化特征。

因此,传统工艺文创产品特色文化设计原则是处理好传统工艺文创产品与地域特色文化内涵、特色文化形制、特色文化色彩属性的关系。特色文化设计流程如图 2-26 所示。

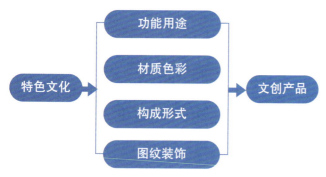

图 2-26　特色文化设计流程图示

四、生活美学设计原则

19 世纪,英国唯美主义文学巨匠奥斯卡·王尔德曾预言,生活美学将实现"生活与艺术的和谐统一",这一预见深刻揭示了生活与艺术之间的紧密关联,展现了人们对美好生活的向往与追求。生活即美好,为了让人们在这种生活美学的场景中更好地体验到产品带来了的附加值,许多人尝试运用自己喜欢的方式进行装修,以此愉悦自己,甚至亲自整装、亲自设计。

中国社会科学院哲学所研究员刘悦笛积极倡导"生活美学"理念,使这一词汇迅速成为时代的热门话题。茶道、花道、香道、琴道、书画、美食、服饰、家具、器物、藏品、民宿、社区规划等众多领域,无不蕴含着中华生活美学的丰富元素。它们不仅是对传统生活之美的传承与发扬,更是人们对自身传统生活美感的深刻感悟与认知。这些元素共同构成了中华生活美学的独特魅力,展现了中华民族在追求美好生活方面的智慧与创造力。

传统工艺文创产品无不与生活美学元素相关,器物的构造、形制、色彩、图案表现与生活的愉悦应用

和审美欣赏有着密不可分的关系。例如,紫砂茶壶造型设计是依据人体工程学中手势大小、姿态美感、手持力度,按一定形态要求设计完成的。其大小、提手位置和造型的确立,旨在方便生活中单手倒茶,确保舒适和力度,从而迎合人在茶道中的精神需求。当今年轻人对汉服的流行和喜欢,是基于对传统文化的尊重,他们按自己的价值取向进行设计和加工,达到愉悦自己的目的。总之,传统工艺文创产品设计只有遵从生活与艺术、生活与精神的结合,才能创造出赋能增长的价值。

因此,传统工艺文创产品生活美学设计原则是按审美法则处理好器物构造与生活应用关系、器物形制与生活美学关系、器物色彩与生活协调关系、器物图案与生活文化内涵关系。生活美学设计流程如图 2-27 所示。

图 2-27　生活美学设计流程图示

五、工艺美学设计原则

工艺美学与艺术美学虽有所关联,但实则各有其独特之处。工艺美学深深扎根于工艺学和美学的肥沃土壤之中,致力于探寻工艺领域的审美现象及其本质。它紧密围绕人们的日常生活,如衣、食、住、行等方面,细致观察并探索其中的美学元素。在日常生活中,无论是自觉还是无意识,人们的审美观念、审美情趣和审美理想都在各种用品中得以体现并逐渐积淀下来,进而促进工艺美学思想的发展。工艺美学不仅是对美的追求,更是对人们生活品质的提升和文化内涵的丰富。

中国传统哲学思想对道器、体用等范畴的深刻阐释,为工艺美学思想的本体观提供了深厚的理论支撑。在古人的哲学观念中,"形而上者谓之道,形而下者

谓之器"，认为道是无形的宇宙本体及其普遍规律，而器则是这些规律在有形世界中的具体体现。工艺造物作为宇宙的一种现象，同样遵循这一原则，它们不仅是具体的事物，更是"道"的载体和表现形式。在这种哲学背景下，传统工艺美学思想主张"道体器用"，即以道为本质、以器为应用。道与器是相辅相成、不可分割的，它们共同构成了工艺美学的完整体系。同时，中国传统哲学还强调"天人合一"的自然观念，认为工艺造物应顺应自然、与自然和谐共生。在这种思想指导下，工艺美学注重通过物品来传达情感和道理，实现"物以载道，物以传情"的目的。从造物的微观层面来看，工艺造物的妙用被视为"道"的具体体现。每一件传统工艺文创产品都是道与器的完美结合，它们通过自身的形态、质地和功能展现"道"的精髓。同时，这些传统工艺文创产品也体现了实体与作用之间的密切关系，即所谓"器体道用"。这种体用关系不仅体现了工艺美学思想的深刻内涵，也为我们理解和欣赏传统工艺文创产品提供了重要的理论依据。

工艺美学设计原则要求我们在创造工艺美时必须遵循美的规律，并妥善处理造物主体、客体、本体与受体之间的复杂关系。其内涵丰富，涉及传统工艺的审美内核与特色，如工艺设计与日常生活的交融、与其他艺术形式的相互借鉴与影响，以及传统工艺在形式美上的法则与规律。此外，我们需深入探究传统工艺的美学品格与社会功能，理解其审美价值如何在社会中得以体现。工艺美学也关注传统工艺的历史演变，包括工艺观念、流派与风格的兴衰更替，以及这些变化背后的深层原因。我们还需要研究鉴赏传统工艺的心理机制，探讨其接受过程的特点、意义与方法，从而更加深入地理解传统工艺的创造与演变过程。只有对这些方面综合考察，才能够更好地把握工艺美学的精髓，为现代工艺设计提供有益的启示与借鉴。工艺美学设计流程如图2-28所示。

图 2-28 工艺美学设计流程图示

六、市场供求设计原则

市场供求分为市场供给和市场需求，它们就像一把剪刀中的两张刀片，共同组合成剪刀的功能——市场。市场同时依靠价格机制来调整供求以达到平衡。传统工艺文创产品市场供求设计要从两个方面入手：一是以供给设计产品来引领推动市场消费。传统工艺文创产品的市场需求是未知的，产品从研发、设计、生产、销售，是开发市场的正向施工、激活未知市场的过程，这一过程需要设计出文创产品的亮点以引领推动市场消费。例如，流行服装的款式和样式需要根据社会文化背景开发设计产品，形成产品和品牌去引领市场消费，推动市场经济发展。二是以市场消费需求来引导产品设计生产。市场消费需求是已知的，从已知的市场需求出发，设计相应的产品，并将产品推向市场以满足这些需求。这一过程可被视为从市场需求到产品设计的逆向流程。例如，根据疫苗的市场需求，指导科学家对疫苗药物的研发、设计和厂家的生产。

因此，市场供求设计原则要遵循市场供求规律，处理好产品供给与市场需求之间关系，其具体内容是产品开发→设计→生产→拓展市场的"正向施工"，引领市场消费发展；反之，市场消费需求→指导产品设计→生产的"逆向施工"。实现"正向"和"逆向"的市场良性互动关系，促进经济社会发展。市场供求设计如图 2-29 所示。

图 2-29　市场供求设计流程图示

七、产业化生产设计原则

传统工艺文创产品设计是农耕传统文化与现代时尚文化相结合的新兴产物。自古以来，传统手工技艺主要是为了满足自给自足的生产生活需求。然而，由于批量化、产业化生产在传统工艺文创产品设计中存在一定的局限性，因此，如何提高其批量化和产业化生产是关键。这就要求设计方案既要有传统工艺文化传承，又要能批量化和流水线生产。设计产品的生产工艺流程时，要符合现代流水线式生产的要求，同时在工艺文化传承上保留相对稳定的样板模式。传统手工艺流水线加工模式相对固定，因此，我们需要妥善处理好手工流水线与机械化流水线之间的工艺流程关系。

因此，传统工艺文创产品产业化生产设计原则需要根据具体的项目和设计方案而定。我们需要将传统技艺流程与现代生产工艺流程相结合，处理好传统手工技艺与半机械化加工、手工艺流程与批量化生产、共性化艺术表现与个性化艺术表现的关系，以探究高效、快捷、统一与具有差异的生产加工方式，从而提高生产效率和经济效益，最终实现产业化发展。产业化生产设计流程如图 2-30 所示。

图 2-30　产业化生产设计流程图示

课题三　传统工艺文创产品设计步骤和方法

一、传统工艺文创产品设计步骤

（一）项目选题

项目驱动的课程采用研究式学习方法，明确学习目标，通过项目化课题的方式，深入探索传统工艺文创产品设计的核心理念，并在实践中不断思考、优化设计方案。这种方法使我们能针对目标进行深度挖掘和研究传统工艺文化。在项目选题时，选择什么样的题目至关重要，因为它直接关系到后期研究方向、创意设计和生产加工。

选题的注意事项：

（1）选题内容范围不能过大。我们需要把控好内容涵盖的范围，确保选题内容具有可实施性。因为如果选题过大，将难以把控内容范围，深入研究也会变得难以具体。

（2）选题内容不能空洞。我们要结合自己的学习实际，选择自己掌握和熟悉的研究内容，选择有价值和有意义的选题。

（3）选题内容不能狭隘。我们要把控好选题内容的空间和范围，如果内容狭隘，则难以拓展跨界研究。

（4）选题内容与生活联系紧密。只有与生活联系紧密的传统工艺才能可持续发展，才有研究价值和意义。

（5）选题内容具有时代文化价值。时代文化价值选题是指与时俱进，崇尚科学，反对迷信，用唯物主义思想引领的选题。

（二）资料搜集

传统工艺文创产品设计选题目标明确后，应针对目标搜集资料。选题资料包含文献理论资料、图片资料、实物标本、田野调研等。获取丰富的资料是文化创意产品设计的基础。通过对资料的归纳整理，完成创意设计的前期准备工作。

（三）设计思考

选题目标确定后的定向设计思考，在构思设计方案时，我们可以从多个维度展开思考，包括但不限于归纳式思考以总结规律、演绎式推理以推导结论、批判性思考以审视问题、发散性思考以激发创意，以及集中思考以精练方案。这些不同的思考方式相互补充，共同助力我们构建出更加完善、富有创意的设计方案。通过对搜集的资料进行归纳和总结，我们得出了创意思路和想法。接着，我们通过演绎将普遍性资料转化为个性化的创意设计方案。然后，我们运用一定的评价标准去评判和反思创意设计方案。根据创意设计方案原型，我们运用发散思维衍生出多项设计方案，并进行反复比较。最后，我们通过集中思维，从众多设计方案中选择一个进行优化，形成最终的设计方案结论。

（四）图形设计

设计方案结论形成后，就要定向进行图形设计。图形设计包括草图设计、效果图设计、平面展开图设计、施工打版设计或三维建模设计等。由于不同类型、不同材料的传统工艺文创产品生产工艺不同，因此它们的加工方式就不同，进而对图形设计的要求也就不同。图形设计是产品生产加工的前期工作，只有根据材料、类别等规范精心做好，才能确保产品的生产质量。传统工艺文创产品设计步骤如图2-31所示。

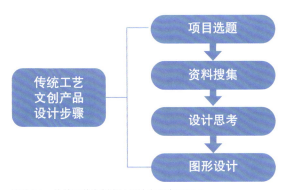

图2-31　传统工艺文创产品设计步骤流程图示

二、传统工艺文创产品设计方法

（一）沿用设计

　　"沿用"，顾名思义，就是指延续使用旧的材料或素材。沿用设计是指沿用未经后期加工的原始素材，通过优化和重构设计方案进行的文创产品设计。材料的图案、样式、材质、肌理是原始的素材，而设计思路、构成方式、运用手段是新的方法、新的理念，共同形成了"原汁原味"的创新。其特点是新与旧碰撞，传统材料与现代理念结合，应用功能颠覆。我们在探讨和研究传统工艺文创产品设计时，可以尝试用这种方法去思考、去拓展创新思维，会取得意外的艺术效果。竹编饭盒（图2-32）是利用传统竹篾材料，通过编织技术创新，编织出突破传统的饭盒器皿；银绣吊坠（图2-33）是运用刺绣元素进行裁剪，并与银饰结合形成的。它突破了传统银饰和刺绣单项独立装饰的局限，形成了新的装饰品。

图2-33　银绣吊坠

（二）模仿设计

　　"模仿"是指仿照已有的款式、样式、动作等行为方式。模仿设计是指参照已有成品的造型、原理、功能、材质等进行创新设计，通过模仿其外观造型进行优化创新设计，或模仿其原理进行创新改良设计，或模仿其功能应用进行创新设计，或模仿其材质进行材料升级创新设计。因此，在研发设计传统工艺文创产品时，我们可以从多角度进行模仿与改进创新，设计出具有时代文化特色的文创产品。屯堡古酒酒瓶（图2-34）是模仿贵州傩戏面具外观造型设计的，用于盛装当地特色米酒，具有地域文化鲜明特征；图2-35为蜡染手包，手包上的蜡染螺旋纹饰是模仿丹寨苗族旋涡纹和镇宁布依族螺旋纹并进行升级加工的产物，其在创新中保留了传统的装饰形态。

图2-32　竹编饭盒

图2-34　屯堡古酒酒瓶

图 2-35　蜡染手包

图 2-36　亮布蜡染手包

（三）移植设计

　　"移植"是指转移种植。移植设计是指加法或减法的一种设计方式，将原来所具备的功能进行移植处理，削弱或增加其功能。这个功能可以是应用功能，也可以是装饰功能，还可以是造型功能。通过加法或减法，改变其原有的功能，达到创新设计的目的。传统工艺文创产品设计可以通过加法或减法的移植设计手法，创新设计出具有时代生活美和艺术美的文创产品。如图 2-36 所示，亮布蜡染手包是设计师利用侗族亮布和丹寨苗族蜡染中的"涡妥"纹进行移植设计的作品。侗族亮布在传统上应用于服装面料。而蜡染"涡妥"纹在传统上则应用于衣肩、衣袖、被面装饰，是一种古老的纹样，其特征是旋涡纹围绕着铜鼓花纹。亮布蜡染手包是设计师运用移植设计手法将两种不相关的文化和功能用途结合起来，打造出的文创产品。竹编装饰（图 2-37）是设计师运用传统竹篾材料，通过传统农具编织手法，以现代发射构成方式移植建构的现代装饰产品。

图 2-37　竹编装饰

（四）替代设计

　　"替代"是指将一种物质替换成为另一种物质。在产品开发设计中，替代设计是指采用某一种事物取代另一种事物，实现功能或审美上的创新或改进，从而创造出更符合用户需求和市场趋势的产品。这种设计方式不仅有助于提升产品的性能和品质，还能在成本控制和资源利用方面发挥积极作用，体现了产品发展过程中的一种生命周期管理策略。替代设计方法有材料替代、方法替代等。

1. 材料替代

产品设计中所采用的原材料多种多样，常见的有金属、塑料、木材、玻璃、陶瓷及面料等。而材料替代的初衷在于实现多重目标：一是响应国家环保号召，减少资源消耗与环境污染；二是推动标准化生产，提升生产效率与产品质量；三是通过优化材料选择，提高产能，满足市场需求。这样的替代不仅有助于产品创新或追求产品艺术个性化，还能为企业带来更长远的经济效益与社会效益。手提包（图2-38）是设计师运用材料替代手法，在包的提手部分用竹节弯曲成圆形进行替代，同时运用靛蓝染织技术，在白棉布上染出深浅不同的颜色，并将其折叠形成浮雕花瓣，作为包的装饰。这样的设计达到了很好的艺术效果。

图2-38　手提包

2. 方法替代

方法替代是通过设计，用新的手段和方法代替旧手段和方法。瓦西里椅（图2-39）是马歇尔·布劳耶（Marcel Breuer）在包豪斯设计思潮的影响下所创造的杰出钢管家具作品。他深受自行车把手的启发，巧妙地将钢管和帆布这两种材料运用于家具设计中。1925年，他成功设计出世界上第一张以标准钢管件为主体的钢管椅，这一创新设计不仅突破了传统木质椅子的材料限制，更以其独特的构造和风格为家具设计领域翻开了新的一页。为表达对恩师瓦西里·康定斯基（Wassily Kandinsky）的敬意，布劳耶将这款椅子命名为瓦西里椅（Wassily chair），使其成为设计与情感完美融合的典范。

图2-39　瓦西里椅

（五）标准化设计

标准化设计旨在通过制订一套共通的、可重复使用的规则，确保在特定领域内获得最佳的秩序与效率。这种设计方法的实现形式丰富多样，包括简化、统一化、系列化、通用化、组合化及模块化设计等六种主要形式。其中，简化设计是标准化设计的一个重要环节，它涉及对不同形状、结构和尺寸进行分类整理，按照特定规则挑选出最优选项，实现设计的简化与统一，从而提高生产效率并降低成本。统一化设计是指同种类型产品部件尺寸、材质、形状、造型统一标准，以方便批量生产。系列化设计是指将具有相同外观特征的产品进行系列化处理，通过改变外形尺寸来生产不同型号的产品，形成系列品牌产品。通用化设计是指结构对称设计，可以满足通用化要求，如"U"形管

和 "L" 形管可以满足左右对称结构的通用。组合化设计是指按分组模块进行设计,以方便搬运和组合连接。例如,家具就可以采用分组模块的形式,可随时利用螺丝进行组装。模块化设计是指将具有特定功能的零部件设计成一个模块并用于不同场合,如节流阀组件,可以满足不同机型的使用需求。

传统工艺文创产品设计及生产只有将艺术文化与技术文化结合在一起,针对具体工艺类型、产品类别按标准化设计,才能实现产品产业化生产,从而提高生产效率和经济效益。扎染布鞋(图 2-40)是设计师追求个性化艺术特征,迎合青年人的喜好而设计的。虽然每双鞋帮都采用了个性化扎染面料,但尺码必须按照标准化设计和生产,这样才能符合人体工程学需求,同时提高生产效率。蜡染手机壳(图 2-41)是一款具有苗族蜡染特色的文创衍生品,设计师依据蜡染图案设计,使其充满了民族文化地域个性。但在设计手机壳尺寸,必须根据市场手机尺寸和型号标准来进行定位设计,否则生产出来的手机壳就没有市场。

图 2-40 扎染布鞋

图 2-41 蜡染手机壳

(六)集约化设计

集约化是源自经济领域的术语,其核心理念在于资源的最大化利用与效率的提升。它倡导在深入挖掘与运用现代管理和技术的同时,充分发挥人力资源的潜力,从而达成工作效益与效率的双重提升。在产品设计领域,集约化设计体现为一种归纳与统筹的艺术。它关注生活用品的多样化需求,无论是单个产品的整合,还是一系列产品的协调,抑或是产品内部部件的收纳与集约,集约化设计都致力于将这些多样性元素统一于有序的整体之中。这种设计方式不仅让产品在外观上呈现出和谐统一的美感,更在功能上实现了高效与便捷,这就是集约化设计所追求的理想状态。

集约化设计主要从以下几个方面进行思考。

(1)集约化设计的功能需求是集约收纳物品,设计重点是集约收纳的方式。

(2)集约化设计旨在满足存放空间需求,通过规整收纳物品来实现,设计重点应该考虑产品内部结构的合理性,以方便集约存放。如超市货物推拉车、器皿、座椅等结构的合理性设计。

(3)系列产品成套化需要进行集约化设计,设计重点在于方便使用、方便移动、方便收纳等。

(4)非系列产品集约化设计旨在实现便捷使用、简易收纳与高效展示等多重目标。这一设计理念通过媒介物的巧妙运用,将原本不相关的各类产品巧妙汇集于一处,形成一个和谐统一的整体。在设计过程中,我们特别强调协调性与合理性,确保各元素之间的融洽共生,营造出既美观又实用的产品组合。通过非系列产品集约化设计,我们不仅能够满足用户的多样化需求,还能够提升产品的整体价值与市场竞争力。

折叠坐凳(图 2-42)是香港艺术馆内过道摆设的一款折叠钢管帆布坐凳,方便游客使用。设计师是依据瓦西里椅设计原理和集约化设计方法设计的一款折叠坐凳,收起折叠存放在支架上不占空间,整体看就像装置艺术,取下来使用也很方便。如图 2-43 所示的川剧变脸陶瓷系列作品,采用集约化设计,以方便展示和易于收纳。通过统一设计制作大小尺寸,将系列作品汇集到一起时,川剧变脸陶瓷设计的重点在于确保整体的协调性和合理性。

总之,传统工艺文创产品设计方法主要有沿用设计、模仿设计、移植设计、替代设计、标准化设计、集约化设计六种,可从运用材料、工艺、用途、设计创作等方面灵活选用具体的方法。传统工艺文创产品设计方法示意图如图 2-44 所示。

图 2-42　折叠坐凳

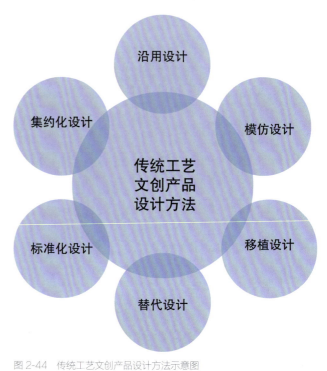

图 2-44　传统工艺文创产品设计方法示意图

图 2-43　川剧变脸陶瓷系列作品

课题四　传统工艺文创产品呈现方式

一、传统文化精神内核

传统文化精神内核是指数千年来中华民族传统文化积淀下来的文化精髓。从传统文化元素中找到契合点，与现代生活美学相结合，借助现代设计理念和文化创意手段，研发设计出的产品能够呈现出传统文化融入现代都市人们时尚生活的特色。

如图 2-45 所示，这是一个皮具与刺绣结合的文创手包，是采用高档头层软牛皮为面料，结合苗族传统刺绣纹样进行局部装饰，并运用现代时尚的款式，设计的具有时代美感的皮具手包文创产品。该产品采用中国传统色彩文化中的黑色与红色搭配，刺绣局部嵌有绿色和白色丝线，使柔软而又哑光的黑色皮面料和红色刺绣装饰搭配，对比鲜明而不死板，显得高雅时尚。皮包上的刺绣图案是苗族先民的吉祥图腾，诠释了苗族传统文化"纳祥祈福，富贵平安"的内涵。

图 2-45　皮具与刺绣结合的文创手包

产品外包装盒色调可以考虑以紫红灰色渐变为主基调，辅以紫蓝灰色，穿插以中国传统纹饰云纹和少量暖灰亮色点缀和隔离。这样的设计从整体上赋予该产品中国传统工艺文化的精神内涵。

二、传统文化工匠精神

传统文化工匠精神是指传统手工艺文创产品呈现出的高超的技艺、精致的细节、高难度的技术，彰显了严谨的工匠文化精神。传统工匠手艺是经过大师悉心教授、学徒艰苦磨炼、日积月累凝练而成的。大师们胸有成竹地在作品上表现自己的出精神气质，使观者能从作品中看出作者的性格、工作态度、工匠技艺和艺术修养，从作品中感悟到工匠文化的精神内涵和作者的设计哲学思想。

如图 2-46 所示，这是一件江苏宜兴紫砂茶壶文创产品。从整体看，其造型与一般茶壶不同，壶嘴非常别致，打破了常规的造型，与壶身融为一体，就像一根凸显的木桩。壶嘴上呈现出一个"以点代面"的树皮划痕，自然而又独具一格。壶提手就像一根树枝从壶身自然生出，弯曲成型，旁边则有一枝新生长的嫩枝叶弯曲地依附在壶身上，作为成型装饰。壶盖左高右低与壶身相呼应，打破了常规壶盖的对称造型，其曲线流动自然，精美绝伦。这把紫砂壶体现了古朴造型与现代审美的结合，充分彰显了宜兴紫砂壶全手工成型的工匠文化和煅烧工艺所呈现的工匠精神。

图 2-46　紫砂茶壶

三、传统文化外在形象

传统文化外在形象是通过作品的视觉整体形态、

材质肌理、形体构造、色彩表现来透露和传递的。外在形象的构建和表现是作者经过长期技术修炼、思想与技艺的磨合，以及手工技能与造型表现的综合体现，最终形成具有视觉感官冲击力的艺术形态，借此传递出传统文化工艺的精髓和文化内涵。

如图 2-47 所示，这是一件彝族漆器文创产品，它是吸收凉山彝族漆器髹饰工艺进行设计和装饰的。从整体看，色彩主要运用和体现了彝族传统色彩，以黑、红、黄为色调进行构建，其图案形式以彝族图案元素几何纹样、卷草纹样为主，构成对称图案和流动线条，图形相互穿插形成鲜明色彩装饰，呈现出彝族地域文化特征。

图 2-47　彝族漆器

四、传统文化创新衍生

传统文化创新衍生是指立足传统工艺文化根基，通过造物思想提升，设计理念创新，传统工艺技术改进，材料运用优化，应用功能演变，创造衍生出具有时代美感、服务当代人民和融入现代时尚生活元素的文创产品。衍生的文创产品主要表现传统文化与现代创新的传承、设计与应用的突破、个性化与产业化的协同发展。传统文化创新衍生产品发展和设计，应紧密围

绕现代生活相关的需求，引领和开拓市场，探索能够产业化生产的发展方向，为传统工艺文化传承和可持续发展提供可操作性的实施方案。

如图 2-48 所示，这是一件农民画衍生文创产品时尚提包，它是吸收贵州水城农民画作品进行衍生设计的，包面上装饰的是根据歪梳苗族的题材创作的水城农民画作品，利用现代印刷工艺进行包饰面料印刷，设计和制作出的时尚审美与应用功能相结合的产品。从载体上看，这款提包具有水城农民画的地域文化个性，具有一定的市场发展潜力。如图 2-49 所示是一件丝巾衍生产品，设计师从苗族蜡染文化图案中吸取图案元素进行重构，设计出时尚的现代女性丝巾产品。这件丝巾是利用现代印刷工艺与丝织品制作形成的，具有现代生活美感。

图 2-48　时尚提包

图 2-49　丝巾

课题五　传统工艺文创产品载体

一、传统工艺文创产品文化资讯

传统工艺文创产品作为文化资讯的载体，通过产品造型、色彩、图案、符号、用途等文化元素，向消费者传递丰富的文化信息。我们可以通过产品文化资讯获取产品的地域文化特征、环境文化特征、民族文化特征、宗教文化特征、材质文化特征、工艺文化特征、图腾文化特征、应用文化特征等。因此，设计师在研发和设计产品时，只有为产品赋予文化符号和元素，才能使产品具有文化价值和收藏价值，使文创产品更具有时代文化意义。

如图 2-50 所示，这是一件水族手工布与马尾绣结合设计制作的手包文创产品，产品外观组成的水族手工布料和马尾绣图案符号都传递出了贵州三都水族的地域文化和民族文化资讯。如图 2-51 所示是一件彝族漆器装饰摆件文创产品，产品的漆器制作工艺和表现纹饰内容都传递出了贵州大方彝族的地域文化和民族文化资讯。

图 2-50　手包

图 2-51　彝族漆器装饰摆件

二、传统工艺文创产品材料资讯

传统工艺文创产品作为材料资讯的载体，通过产品材料的质量、材料的色彩肌理、材料的工艺效果等信息，向消费者传递材料资讯。我们可以通过产品材料资讯获取产品的材料质量特征、材料天然的色彩肌理特征、材料制作工艺特征等。因此，设计师在研发和设计产品时，选择什么样的材料、选择什么样的质量、选择什么样的工艺表现，将直接影响产品的质量和效果。产品材料和加工工艺将决定产品的外在形态、结构造型、色彩肌理、成本高低、市场供需等，对产品的产业化发展有决定性作用。

如图 2-52 所示是一套紫袍玉带石茶具文创产品，其产品材料是来自贵州梵净山的地域特产材料紫袍玉带石。如图 2-53 所示是一套陶艺文创产品，从产品材料和烧制工艺来看，其利用重庆荣昌红泥和白泥烧制而成，成品质细色正、可塑性强、烧结性能好、体型秀丽精巧、釉质光润，具有天然色泽，给人以朴素淡雅之感。

图 2-52　紫袍玉带石茶具

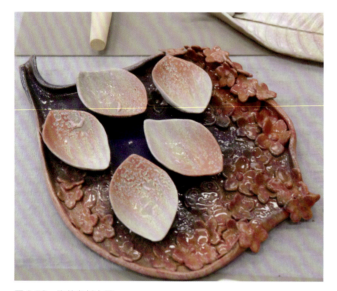

图 2-53　陶艺文创产品

三、传统工艺文创产品虚拟资讯

传统工艺文创产品的虚拟资讯载体是指那些无实物材料性质，在网上发布销售时默认无须依赖实体物流运输的虚拟产品。这些产品涵盖了以虚拟货币或现实人民币为交易媒介的各类虚拟物品，以及虚拟社会服务等。这些产品存在于数字世界中，通过在线交易和交付完成买卖，无须实际的物流运输过程。它们为用户提供了丰富的虚拟体验和服务，满足了人们在数字空间中的多元化需求。传统工艺文创虚拟产品是结合传统工艺文化元素与数字技术创作设计的产品，一般包括商务民族文化广告宣传片、民族元素电子游戏、民族元素电子商务、民族元素商务素材等。例如，"多彩贵州"网络平台是宣传贵州民族文化的重要平台，包含民族文化广告、民族文化宣传、民族文化演出、贵州文创产品商务等综合性虚拟平台。又如，"七彩云南"是昆明诺仕达集团旗下注册的商标，是一个根植于红土高原云南的本土产业品牌。其旗下产业涵盖多个领域，包括璀璨的翡翠珠宝业务、深厚的茶文化产业、独特的旅游文化产业、前沿的养生养老产业及高品质的国际酒店业务等，形成了多元化的发展格局，根据云南民族文化和资源优势，建立了多元化的产品虚拟品牌集合（图 2-54）。

图 2-54　多彩贵州（虚拟平台）

课题六　传统工艺文创产品包装

产品包装，是指在产品的运输、储存与销售等环节中，运用一系列包装技术方法，通过选择适宜的容器、材料和辅助物，对产品进行安全有效的封装。其目的不仅在于确保产品在流通过程中的完整性和安全性，以维护产品质量，更在于通过优化包装，为产品的储存和运输提供便利，同时促进产品的市场推广与销售。此外，产品包装还承载着保护仓储者、运输者、销售者和消费者各方权益的重要职责，确保各方在产品流通中的利益得到最大限度的保障。

一、包装规范

针对产品包装的相关议题，全国人民代表大会常务委员会在法律层面上进行了明确规定。例如，2008年8月29日，第十一届全国人民代表大会常务委员会在第四次会议上审议通过了《中华人民共和国循环经济促进法》，根据2018年10月26日第十二届全国人民代表大会常务委员会第六次会议《关于修改〈中华人民共和国野生动物保护法〉等十五部法律的决定》修正。该法明确指出，在设计产品包装物时，必须遵循相应的产品包装标准，旨在防止因过度包装而导致的资源浪费和环境污染问题。这一规定体现了国家对资源节约和环境保护的高度重视，也为企业和消费者在产品包装方面提供了明确的法律指导。在选择包装材质、材料及确定尺寸等设计要素时，应严格遵循国家关于包装产品的标准规范，确保设计方案的合规性和有效性。这样做不仅有助于提升产品的整体品质，还能确保在运输、储存和销售过程中，产品能够得到充分的保护，从而维护消费者和商家的共同利益。

二、包装文化建构

（一）包装的目的和意义

包装不仅承载着保护产品的重任，确保其在储存和运输的各个环节中完好无损，更承载着展示企业及品牌个性的使命。通过精心设计的包装，产品能够向消费者传递出其独特的功能与价值，满足消费者的心理需求，进而促进产品的销售。因此，包装不仅是产品的保护层，更是企业与消费者之间沟通的桥梁，是品牌宣传和产品推广的重要工具（图2-55、图2-56）。

产品包装作为消费者与产品首次接触的视觉焦点，肩负着传递产品个性与企业文化的重要使命。它不仅是企业文化形象的具体展现，更是塑造品牌个性的关键要素。优秀的包装设计能够精准把握消费者的心理，通过策略性的定位和设计元素的巧妙运用，使企业在激烈的市场竞争中脱颖而出，赢得品牌效应。包装设计在品牌营销中发挥着举足轻重的作用，它通过呈现品牌资讯、建立品牌识别度，使消费者能够迅速了解产品的品牌名称、属性，从而构建起鲜明的品牌形象。因此，在品牌宣传和认知的构建过程中，产品包装被视为塑造品牌形象的重要方式之一。

图2-55　包装品牌创建（一）

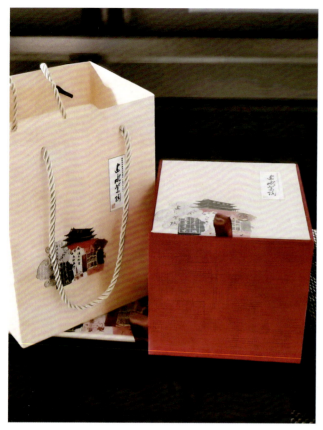

图 2-56　包装品牌创建（二）

图 2-57　传统糕点创新包装（一）

（二）品牌文化构建

品牌文化形象是由制造商、产品、品牌、使用者等要素形象构成的。产品包装设计要能传达包含这四个要素形象的品牌信息，才算是完整地构建了品牌形象。

在现代商品极大丰富的当下，消费者对每个产品的关注时间非常短暂，设计师必须设计出让包装在消费者的眼光从货架扫过的一瞬间就能抓住其眼光的视觉冲击力，以吸引消费者的注意力。只有在包装的颜色、造型、材料等要素上下功夫，并融入产品、品牌等企业的内涵信息，突出产品与消费者的利益共同体，才能通过产品包装对消费者形成较直观的冲击力，进一步影响消费者对产品和企业的印象，从而有效吸引消费者的关注（图 2-57、图 2-58）。

产品包装是展现其销售吸引力的重要载体，其主要职责在于吸引并留住消费者的目光。作为品牌的外在展示，产品包装致力于在消费者心中塑造企业品牌的良好形象，其中的品牌特征成为吸引消费者的关键因素。产品包装所蕴含的物质价值与精神价值，正是

图 2-58　传统糕点创新包装（二）

消费者所追求并愿意为之付款的。包装所展现的品牌形象，应深深烙印在消费者的心里，全面展现产品品牌的内在精髓。

三、包装设计规范要求

（一）包装标准化

根据国家对包装的标准规定，相关部门制定并推行了一系列与包装相关的多元化标准，包括但不限于产品的外部尺寸规范、包装材料的质量准则、包装箱体的承重力要求，以及详尽的检验方法与流程。

（二）优化包装材料的性能与效率

例如，我们应大力推广和应用具备出色抗压强度和稳定性的高强度瓦楞纸箱，以提升包装的耐用性和安全性。同时，我们还应积极研发适用于软包装的复合材料，以及具备卓越性能的新型塑料薄膜，以提供更加轻便、环保且高效的包装解决方案。

（三）高端产品包装设计

根据高端产品的不同特性，如重量、刚性、易碎性，以及产品的防振动、防潮湿需求等，进行试验研究，确定包装的材料、形式和方法。例如，采用新技术，对高端工艺品和易碎产品采用吸塑包装。

（四）包装说明

包装说明不仅是产品宣传的得力助手，帮助消费者全面深入了解产品特性与优势，更是指导消费者正确使用产品的关键指引，确保每一次消费都能获得满意的体验。精心设计的包装说明对提升产品附加值、增强消费者信任度具有重要意义。

（五）包装标签

包装标签作为产品销售包装上的重要元素，通过文字、图形、雕刻及印制等多种方式，为消费者提供详尽的产品信息。这些标签形式多样，既可以是简单附着在产品上的签条，也可以是作为包装整体设计一部分的精美图案。标签所承载的信息量也各不相同，从简单的品名标识到详尽的产品介绍，无所不包。它们不仅帮助消费者识别、检验内装产品，也为产品起到了宣传促销的作用。常见的产品标签内容涵盖制造者或销售者的名称和地址、产品名称、商标、成分、品质特点、数量、使用方法量、编号、贮藏注意事项、质检号、生产日期和有效期等关键信息，为消费者提供了全面、准确的产品指南。

（六）包装标志

包装标志是由图形、文字和数字等多种元素组合而成的。这些标志主要有三种类型：运输标志、指示性标志和警告性标志。运输标志通常被称为唛头，通过几何图形、特定字母、数字和简洁的文字，展示收货人、发货人、目的地或中转地、件号、批号、产地等关键信息。指示性标志则是针对产品特性而设计，特别是那些易碎、易损、易变质的产品，通过醒目的图形和简洁的文字，提醒相关人员在装卸、搬运、储存和作业过程中要特别注意，常见的指示有"此端向上""易碎""小心轻放""由此吊起"等。而警告性标志则用于标识危险品，如易燃品、易爆品、腐蚀性物品和放射性物品等，借助特殊的文字警示，确保运输安全。这些包装标志在保障产品安全运输、准确交付及防范潜在风险方面发挥着至关重要的作用。传统工艺文创产品包装设计流程如图 2-59 所示。

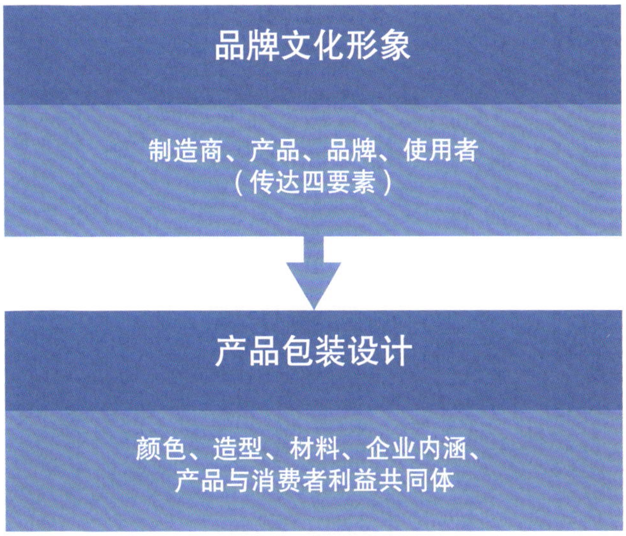

图 2-59　传统工艺文创产品包装设计流程图示

四、传统工艺文创产品赏析

传统工艺文创产品赏析如图 2-60—图 2-64 所示。

图 2-62　布艺小包

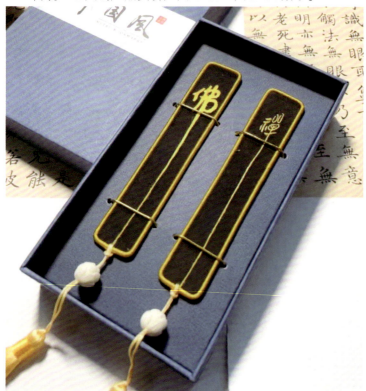

图 2-60　书签

图 2-63　银饰车钥匙吊坠

图 2-61　扎染布艺

图 2-64　团扇

单元课题训练

一、课题训练

课题内容：围绕传统工艺设计思想、原则、载体，选择一种方法设计制作单件文创产品。

训练学时：课内 20 学时，课外 20 学时。

训练方式：通过调研搜集传统工艺资料，独立完成设计制作作品。

训练提示：从传统工艺设计思想、原则、载体去思考选择设计方法，通过搜集资料、材料来完成设计和制作作品。

训练要求：

1. 设计和制作完成一个单件文创作品。

2. 文案要求包括设计思想、原则、载体、设计理念等。

3. 作品用途、类型、材料、尺寸和规格不受限制。

达到目标：

1. 通过课题训练，学生能够掌握传统工艺产品设计思路和方法，从而提高传统工艺产品的设计能力和制作能力。

2. 通过课题训练，学生能够掌握传统工艺设计和制作流程，从而提高传统工艺的认识能力。

3. 通过课题训练，学生能够掌握传统工艺制作的材料表现方法，从而提高传统工艺材料制作实践能力。

二、知识拓展

1. 姚湘，胡鸿雁. 文化创意产品设计 [M]. 北京：北京大学出版社，2020.

2. 刘悦笛 . 中国人的生活美学 [M]. 桂林：广西师范大学出版社，2021.

3. 沈征，胡亮. 旅游工艺品设计与制作 [M]. 北京：清华大学出版社，2014.

三、理论探究

1. 王树良，张玉花. 中国工艺美术史 [M]. 重庆：重庆大学出版社，2010.

2. 董占军，张爱红，乔凯. 外国工艺美术史 [M]. 北京：清华大学出版社，2012.

第三单元　传统工艺文创产品设计与实践

课题一　传统工艺文创产品设计定位

一、应用内容定位

应用内容定位是指行为过程、精神内核、外在形象等方面的定位，设计产品一般会出现交叉或重复，单一定位或多重定位。

（一）行为过程定位

行为过程定位是指在设计产品时，对设计行为所针对的目标、内容、方式及预期效果进行明确和界定的过程。定位设计服务对象是为了让人们体验产品的行为过程，在这个过程中找到乐趣。这种设计也被称为时间艺术品，因为其欣赏、体验或应用需要一定的时间去完成。如电影是编导（设计者）为了满足人们娱乐的行为过程，消费者需要通过观看电影内容全过程，消耗一定时间去体验和观看，才能了解作品的全部内容，让消费者在欣赏行为过程中获得乐趣。再如"王的手创"刺绣产品设计，是让消费者体验民族文化行为过程的产品，产品提供一整套设计制作图示、方法、材料、工具，让消费者按照图示要求完成作品体验，从中获得手工制作过程的体验享受。又如蜡染DIY体验馆，是为了体验民族文化手工艺过程，设计者提供一整套蜡染材料、工具、方法、图案，消费者（体验者）按步骤和方法参与制作蜡染过程，从中获得体验过程的乐趣。以上所描述的主创产品设计的行为过程，可以被视为一种研学活动，它可以针对小学生、中学生、大学生、社会游客等不同的受众群体进行精准的产品定位。如图3-1所示为古法造纸DIY体验。

图3-1　古法造纸DIY体验

（二）精神内核定位

精神内核是包容共享，旨在惠及每一个人的文创产品，其定位是产品本身具有的包容性和普惠性，即不是仅限于收藏家或高端人群的消费范畴，而是致力于满足平民百姓的消费需求。例如，一件苏绣扇面工艺文创产品，苏绣是国家非物质文化遗产，其制作使用材料为非遗手工丝线，装饰为精致的非遗手工刺绣，用途为生活通用的小装饰扇面，方便用户出行收纳。因此，其实用性、观赏性、收藏性、包容性都很强，既受到收藏者的喜爱，又受到普通百姓青睐（图3-2苏绣扇面）。

图 3-2　苏绣扇面

（三）外在形象定位

外在形象是指产品的外在造型表现形式，其形式与内容相辅相成，外在形象造型包括简单、简洁、繁杂、抽象、具象、写实、写意等多种风格。选择什么样的外在形象定位，将直接影响产品最终呈现的效果。因此，设计师需要根据应用内容和表现对象的具体要求来确定产品的外在形象定位。

二、文化类别定位

（一）地域文化定位

中华大地地域文化非常丰富，大江南北居住着各民族的中华儿女，他们有着厚重的民族文化积淀，这些宝贵的文化积淀是我们进行文创产品设计时汲取养分的重要资源。因此，文创产品设计前期工作，设计师需要定位地域文化方向，选择什么样的地域文化为文创产品的创作设计资源，就有什么样的特色文创产品定位呈现，文创产品才能凸显其地域文化特点，其作品的内容、形式才更具有收藏价值和应用价值。

例如，斑铜矿石主要产自西南地区云南东川会泽一带，其锻造器物的传统工艺已延续千年历史，具有独特的地域文化特性，因此具有极高的收藏价值和纪念价值。如图 3-3 所示为斑铜器品。

图 3-3　斑铜器品

（二）民族文化定位

每一个区域的不同民族都有独特的民族文化，这些文化的特点在各民族的文化符号和文化印迹上，形成了丰富多彩的民族文化资源。这些文化资源正是文创产品设计的重要灵感源泉。因此，文创产品设计首先要确定民族文化，才能更好地锁定特定的民族文化进行创意构思与设计，从而打造具有鲜明本源民族文化特色的文创产品。如图 3-4 所示为苗绣手镯。

图 3-4　苗绣手镯

（三）艺术文化定位

"艺术源于生活，而高于生活。"这一理念的本质属性在于它要求文创产品要有艺术文化品位。文创产品设计除了服务于生活的应用功能和外在的形象造型，还要具备艺术文化内涵。文创产品设计所表现的艺术文化包括造型的艺术内容、艺术形式、艺术色彩、艺术肌理等。这些元素是文创产品文化的重要载体，处理好艺术文化定位，使设计赋能产品文化价值，提升产品的艺术文化精神内涵，从而助推文创产品可持续发展。如图3-5所示为建水紫陶茶壶。

图3-5　建水紫陶茶壶

（四）自然文化定位

自然文化是指自然物呈现的自然美感，包括自然肌理、自然色彩、自然构成等。文创产品设计离不开物性的天然肌理、天然色彩、天然构成。老子在《道德经》中深入浅出地阐述了其哲学思想，其核心便是"天人合一""道法自然"。这一思想强调了宇宙万物之间的和谐共生与相互依存。在老子看来，"道"作为宇宙间最根本的法则，其展现的规律便是"自然而然"。这意味着万物都按照其内在的本性发展，无须外力干预。进一步地，老子提出了"人法地，地法天，天法道，道法自然"的宇宙观。这里，人、地、天、道被置于一个相互关联、相互影响的体系中。人应当效法大地的承载与包容，大地则顺应天道的运行规律，而天道则应遵循"道"的法则，最终，"道"则遵循自然之道，即一切按照其本然状态发展。老子精妙地概括并阐述了天、地、人乃至整个宇宙的生命规律。它强调了人与自然的和谐统一，以及顺应自然、遵循自然之道的重要性。这一思想不仅对古代哲学思想产生了深远影响，也为现代社会提供了宝贵的启示，即我们应当尊重自然、顺应自然，以实现人与自然的和谐共生。因此，传统工艺文创产品研发设计中应自

觉遵从自然文化规律，使产品更具有生命活力。如一件木雕作品，其造型是根据自然木纹理、树根的自然生长形态进行构思设计的。设计师在此基础上赋予其文化内涵，进行再创造、再加工、再修饰，最终形成一件艺术品。又如，根雕、石雕、玉雕也要根据天然材质肌理的纹理方向、粗细和色彩程度定位产品的造型、产品的大小、产品的内容等。以贵州梵净山盛产的紫袍玉带石为例，其岩层间纹理呈现出天然的色彩变化。雕刻艺术家巧妙地依据这些色彩设计出器物，使器物与色彩肌理完美融合，达到天然美的艺术效果（图3-6）。

图3-6　紫袍玉带石雕茶具

（五）祝愿文化定位

祝愿文化也称祈愿文化或福文化，深深根植于中华民族的生活理念与价值观念之中。其核心概念"福"，涵盖着"信仰福祉""福泽深厚""福运亨通"及"幸福安康"等多重含义。这些概念共同指向一个普遍的心愿，那就是渴望福气的降临，它寄托了人们对美满生活的深切向往与对未来美好生活的衷心祝愿，是"福文化"现象的精髓与象征。在文创产品的设计过程中，我们以祝愿文化为核心定位，将"福"的内涵与形式具象化。这些产品蕴含的寓意，并非追求物质的富足，而是追求精神层面的满足与对美好生活的无尽追求。它们以独特的形式，传递着人们对幸福的渴望、对生活的热爱、对未来的憧憬，成为连接过去与未来、传统与现代的文化纽带。因此，在研发设计传统工艺文创产品时，我们应通过赋予其祝福文化的思想内涵，

来满足消费者的祝愿需求，从而使文创产品更具市场活力。如图3-7所示为石砚台。

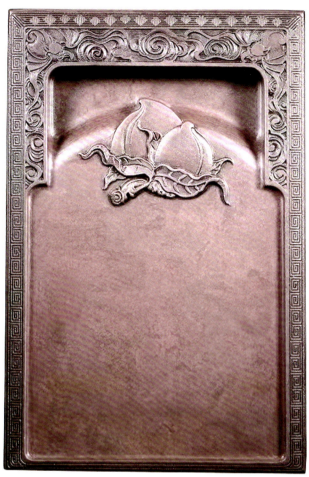

图 3-7　石砚台

（六）服饰文化定位

服饰文化是我国传统工艺民族文化的重要组成部分，我国素有"衣裳古国"的美称。服饰是以纺织面料为材料，以服装样式为载体，通过蜡染、扎染、夹染、印染或刺绣等为文化装饰符号。这些工艺吸纳并融入了不同历史时期的美学理念和审美倾向，因此，从服饰中可以窥见时代的演进脉络及社会发展的风貌。这不仅是对物质世界的描绘，更深刻地展现了人们在特定历史背景下的精神追求、价值观念和深厚的文化底蕴，形成了中华民族特有的服饰文化系统。以服饰文化为定位研发设计文创产品，是建立在传统服饰文化根基之上进行文化重构和创新。这一过程围绕纺织、蜡染、扎染、夹染、印染、刺绣及服装款式等文化元素进行创意构想，旨在形成融合生活美学、时尚美学、工艺美学与艺术美学的服饰文化产品，使其更加彰显

时代文化精神的魅力（图3-8）。

图 3-8　服饰

三、设计载体定位

（一）学习用品定位

学习用品涵盖了广泛的学习辅助工具，这些工具在学习过程中起到了至关重要的作用。

根据种类划分，学习用品主要分为传统学习用品和电子学习用品两大类。传统学习用品，顾名思义，是长期以来在学习领域广泛应用的工具，主要包括：书包，用于携带课本和文具；电脑提包，专门设计以容纳和保护电脑设备；文具盒，是一个集中存放各种文具的小盒子，方便整理和携带；图书，是知识的载体，为学习者提供丰富的阅读材料；笔、墨、纸、砚，则是书写和绘画的基本工具，承载着千年的文化传统。而电子学习用品，是指随着科技进步而兴起的新型学习工具。它们利用现代电子技术，为学习者提供了更加便捷和高效的方式。例如：复读机可以帮助学习者反复听取录音材料，提高听说能力；点读机则通过点触的方式，实现即时翻译和发音，有助于语言学习；电脑和平板等智能设备，则拥有强大的计算、存储和联网功能，可以运行各种学习软件和在线课程；各种电子书阅读器，则提供了海量的电子书籍资源，方便学习者随时随地进行阅读。传统工艺文创产品设计以学习用品为定位，主要围绕传统学习用品中书包、电脑提包、文具盒、图书、笔、墨、纸、砚等展开设计，旨在探索并融入具有本土民族文化特色的元素，创作出独特的文创产品。如图3-9所示为会泽斑铜钢笔。

图 3-9　会泽斑铜钢笔

（二）电子产品定位

电子产品包括游戏产品、电影产品、微视频广告产品等。以电子产品为定位设计文创产品，主要是围绕作品内容和艺术表现形式，注入民族文化元素和民族文化思想内涵进行创作设计，旨在突出鲜明的地域文化特征和文化底蕴，彰显时代文化与民族文化的融合，充分体现民族文化自信。

（三）生活用品定位

生活用品主要包括与人们生活紧密相关的产品，如衣、食、住、行的产品，它涉及面非常广。自古以来，传统工艺产品就是为服务人类生活而产生的，基本上是为人们的衣、食、住、行服务。进入现代文明时代，传统工艺文创产品应随时代发展而发展。在产品设计中，其形式和内容要融入时代文化元素，使传统工艺元素与现代技术结合、传统工艺文化与现代设计理念结合、传统工艺美学与现代艺术美学结合，从而形成具有时尚文化特色的传统工艺文创产品。如图 3-10 所示为茶具用品。

（四）纪念品定位

纪念品，是蕴含深刻纪念意义的特殊物品。它们通常以实物形态呈现，有持久的保存价值，成为人际交往中一份特殊的赠礼。通过相互赠送纪念品，人们能够增进彼此之间的情感联系，加深相互间的印象。纪念品的用途十分广泛：可以用于纪念某个人，将一

段珍贵的回忆永久留存；也可用于纪念某一重要活动或事件，让瞬间的辉煌成为永恒的记忆；还可以用于纪念某次重要的会议，让历史的瞬间得以重现；抑或是纪念某次难忘的旅游活动，让旅途中的美好瞬间得以珍藏；甚至可以用来纪念人的一段深厚感情，让爱的记忆永不褪色。纪念品是体现中华礼尚往来的文化产品，其种类很多，主要与生活用品、装饰用品或服饰用品等相关。因此，将传统工艺文创产品定位为纪念品，需要围绕地域文化和民族文化特色进行创意设计，以此赋予产品独特的识别属性和文化艺术价值。如图 3-11 所示为台盘村 BA 纪念品。

图 3-10　茶具用品

图 3-11　台盘村 BA 纪念品

（五）娱乐产品定位

娱乐产品是人们工作之余，通过参与项目活动或使用实物器材来进行的一种放松身心、增添生活情趣的活动项目所消费的产品。娱乐产品包括娱乐项目产品和娱乐实物产品。娱乐项目产品有登山、攀岩、漂流、

滑雪、潜水、舞狮、舞龙、舞灯、蜡染工艺体验、刺绣工艺体验、染色工艺体验等。娱乐实物产品，如象棋、皮影、万花筒玩具、泥哨、风筝、笛子等。传统工艺文创产品研发设计：一是开发娱乐项目产品，围绕传统娱乐项目开发和优化，结合当地民族文化资源和地理自然文化资源，开发具有特色的娱乐项目产品；二是开发娱乐实物产品，围绕地域文化、民俗文化、民族文化、传统工艺，开发具有特色的娱乐实物产品。如图 3-12 所示为布艺玩具。

图 3-12 布艺玩具

运输成本、企业营销成本、利润收益（含税金）等方面综合考虑，要科学合理和严格把控每一个环节的成本。如果产品市场价格定位过高，产品品质上不去，过高追求利润，恶意炒作价格，产品在市场上占有力不足，将直接影响产品的销路。只有科学合理地定位市场价格，才能使产品有更好的销售。如图 3-13 所示为产品市场价格定位分析图。

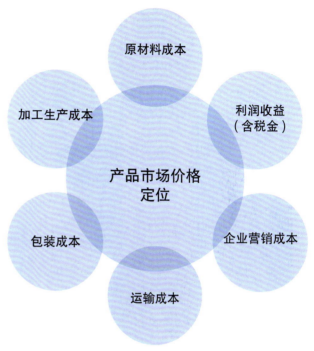

图 3-13 产品市场价格定位分析图

四、产品消费定位

（一）市场价格定位

市场价格是指商品在交易市场上流通时的标价，这一价格并非随意设定，而是经过市场内部竞争的洗礼后形成的。决定市场价格的两个核心因素是产品的价值及产品在市场上的供求状况。产品价值是其固有的、内在的属性，决定了其基本的价格区间；而供求状况则是市场动态变化的反映，当供大于求时，价格可能下降，而需求大于供应时，价格则可能上升。这两个因素相互交织、相互影响，共同形成了产品的市场价格。市场价格主要用于区分出厂价格、批发价格、代理价格、零售价格。市场价格定位关系到产品销售。一款文创产品的市场价格怎么定位？要从产品的原材料成本、加工生产成本、包装成本、

（二）消费群体定位

消费群体是指一款产品主要吸引和满足的特定人群。每款产品都有特定的消费群体指向，这些群体多种多样，涵盖了不同性别、年龄、经济水平及生活方式等的人。例如，按照性别可以将消费群体划分为男性消费群体和女性消费群体；按照年龄可以将消费群体划分为儿童、少年、青年、中年和老年消费群体；从经济水平来看，可分为高端、中端和低端三类消费群体；而从生活方式出发，又可分为旅游消费群体和普通民众消费群体。对任何一款产品来说，确定其消费群体至关重要，因为这决定了产品的设计方向、市场推广策略及潜在市场规模。只有深入了解并精准定位目标消费群体，产品才能在激烈的市场竞争中脱颖而出，实现其商业价值。对群体受众面的精准把握和细致分析，是产品成功上市并持续发展的关键因素之

一。开发设计传统工艺文创产品必须研判该产品的未来群体受众面、涵盖范围，要有的放矢，考虑群体受众面尽量要广，要将艺术性和实用性结合在一起、时尚性和工艺性结合在一起，适应新时代社会消费群体的需求。如图 3-14 所示为消费群体定位分析图。

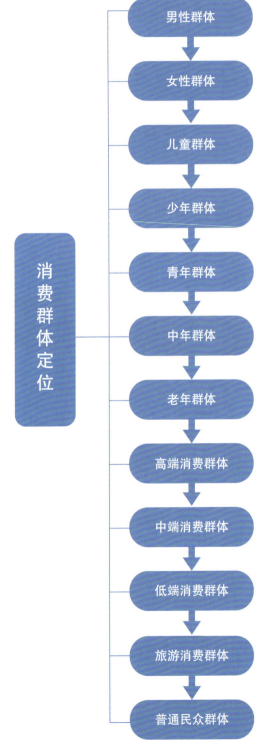

图 3-14 消费群体定位分析图

（三）消费区域定位

消费区域是指产品在一定区域范围内销售，超出该范围，销售就会受到一定的影响。产品文化内涵与区域民族文化、风俗习惯、思想文化价值取向有一定关系。传统工艺文创产品研发设计赋予产品文化内涵时要考虑到区域文化背景消费者的心理承受能力和接受能力，以及消费者的文化价值取向。因此，传统工艺文创产品研发设计，首先要明确消费区域定位，即面向哪些区域范围，其次，产品形制在形式建构、赋予文化内涵和艺术装饰上都应考虑到消费区域范围。在交通便捷、信息快捷的今天，区域民族文化逐渐融合和包容，因此，传统工艺文创产品的文化内涵要有广泛的包容性，大力弘扬中华文化一家亲的思想理念，铸牢中华民族共同体意识，使产品更加具有市场竞争力。

（四）消费层次定位

消费层次是指产品面向不同层面的消费者。如高端奢侈产品主要面向高端层面人群，艺术品、工艺品主要面向高端的收藏家和高收入群体，一般实用产品和纪念品主要面向普通的中、低收入人群。因此，传统工艺文创产品设计的消费层次定位，取决于产品的价值品质，需要根据产品材料、加工工艺、赋予的文化内涵、形成的产品效果来决定。低端和中端产品服务面广，受众面广；高端产品服务面窄，受众面也窄。

总之，在传统工艺文创产品的设计过程中，产品的定位尤为关键，必须明确且精准地制订设计目标。这主要涉及应用内容定位，其中包括行为过程的细致刻画、精神内核的深入挖掘及外在形象的精心塑造。同时，文化类别定位同样很重要，涵盖了地域文化的独特韵味、民族文化的深厚底蕴、艺术文化的创新表达、自然文化的和谐共生、祝福文化的温馨传递及服饰文化的多彩展现。设计载体定位也是产品设计中的一大要素。学习用品、电子产品、生活用品、纪念品、娱乐产品等，都是设计师需要认真考虑的载体类型。这些载体不仅需要承载中华优秀传统文化的精髓，也需要满足现代消费者的使用需求。在产品消费层面，市场价格的合理性、消费群体的精准定位、消费区域的广泛性及消费层次的多样性等，都是设计中不可忽视的因素。设计师需要充分考虑这些因素，以确保产品能在市场上获得广泛的认可和接受。传统工艺文创产品的设计定位是一项系统而复杂的工作，需要综合考虑多个方面的因素。设计师不能盲目、无序地开展工作，而应当有明确的目标和清晰的思路，以确保设计出的产品既具有传统文化底蕴，又符合现代消费者的审美需求和使用需求。如图 3-15 所示为传统工艺文创产品设计定位示意图。

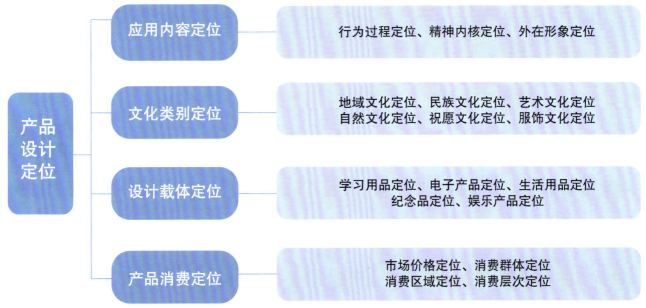

图 3-15   传统工艺文创产品设计定位示意图

课题二　传统工艺文创产品设计创新思维

一、创新需求

传统工艺文创产品设计首先要解决创新需求问题。为什么要创新？创新要解决哪些问题？计算机能解决人们计算方法快捷问题，智能手机能解决人们生活交流便捷问题，高铁能解决人们出行快速到达问题，那么传统工艺文创产品创新需要解决人们什么需求问题？要找准需求问题，必须通过深入的社会调查和市场调研，确定创新需求。

二、创新目标

创新需求确定后，就容易寻找创新目标。我们通过考察论证，确定创新目标方向。如病毒肆虐威胁人们的生命安全，就需要进行疫苗和药物的创新研究，对病毒标本进行研究分析、反复论证，从而确定创新目标方向。传统工艺文化有传承、保护、振兴的需求，以实现其可持续发展为目标，且创新目标必须紧贴人们生活、服务于人民大众，才能使创新更具有意义和价值。

三、创新方法

创新方法是根据创新目标找到创新的方式、路径和通道。传统工艺文创产品创新设计要扎根传统文化的脉络，通过吸收传统工艺文化的技艺精髓、图形元素、文化符号并借鉴传统应用方式，再结合现代设计思想与理念，进行重构与创造，从而打造既蕴含现代时尚美感，又服务于现代人们生活的产品。这一过程是为了实现在传承中创新，在创新中发展。

（一）解构传统工艺文化，创建现代工艺

"解构"，也称"结构分解"。解构主义是20世纪60年代法国哲学家德里达提出的一个哲学术语，是德里达对西方形而上学传统思维方式的深刻反思。解构形而上学，意味着对其固有的结构及其核心进行

瓦解与拆解。每一次解构都伴随着原有结构的断裂、分裂或重构，而正是在这一过程中，新的结构得以孕育并可能诞生。解构与重构并存，构成了不断演进与变革的动态过程。在创意设计实施中，我们可以通过解构传统工艺，来创建现代工艺，并探索研究新手段、新方法、新措施。传统工艺是经过千百年长期积淀形成的工艺流程整体，我们利用解构主义方法将整个工艺流程分解为若干个传统技艺单体，再根据这些技艺单体的特征进行工艺技术优化，或重组技艺、或融入现代工艺手法进行重构，从而形成新的现代工艺流程生产方式。这一过程旨在提升工艺精准度和产品质量，并达到提高生产效率的目的。例如，银饰手镯雕刻加工，可以结合半手工、半智能化手段来实施，先依据传统工艺原型图饰建模，再利用智能机械化设备进行雕刻，最后进行手工后期加工，以细化和完善雕刻细节。这样的加工方式可以降低生产成本，提高纹饰的精确度和工艺水平。如图3-16、图3-17所示为竹编茶具文创产品，其重构元素巧妙地将竹编技艺和编织元素与个性设计的陶瓷器皿相结合，形成精致的茶具。它是采用四川优质的竹篾，加工成精细竹丝，再通过编织加工与陶瓷茶具精密无缝结合而成。从外观视角来看，它彰显了陶瓷细腻与编织肌理两种材质的美感，当手指拿捏时，则能体验到舒适的触觉感受。这样的设计提升了茶具的品质和美的气质。

图3-16　竹编茶具（一）

图 3-17 竹编茶具（二）

（二）解构传统图纹繁杂的形制，创建简约风格

简约主义，这一设计理念源于 20 世纪初的西方现代主义思潮，并逐渐发展壮大。其中，欧洲现代主义建筑领域的杰出代表德国建筑师路德维希·密斯·凡德罗（Ludwig Mies van der Rohe，1886—1969）堪称简约主义的灵魂人物。他极力推崇设计的纯粹性，主张将元素、色彩、照明及原材料精简至极致，以简洁而含蓄的设计手法，实现以少胜多、以简胜繁的艺术效果。密斯·凡德罗的名言"少即是多"，更是成为简约主义设计的核心信条。在多元文化思潮的交织影响下，人们渴望从烦琐与冗余中解脱，追求一种更纯粹与精练的生活方式。这种追求不仅体现在建筑领域，同样也体现在艺术、音乐、技术等多个领域。从烦琐与冗余中解脱，实际上是一个个体和社会不断成熟与进化的过程。简约主义设计在追求简洁的同时，也注重技术的运用与材料的选择。它积极采用当时最先进的技术手段，力求保持自然材料的原始形态，以尽可能接近材料的本质。这种设计理念坚持以人为本，注重人的舒适感受与环境品位，因此成为现代设计的一个重要发展方向。此外，简约主义设计还吸收了后现代主义、解构主义等设计流派的精华，延续了现代主义的设计精神，使其更加符合时代的要求。简约主义不仅是对形式的简化，更是对生活态度与审美观念的精练与升华，它以其独特的魅力，引领着现代设计的发展方向。

在传统工艺文创产品设计中，解构传统图纹繁杂的形制，创建简约风格是我们探讨创意设计的方法。如传统图饰，依托传统服饰与器物的深厚底蕴，通过独特的艺术手法得以展现。它们或以单独对称纹样展现，彰显出严谨与和谐的美感；或以单独均衡纹样呈现，流露出稳重而不失灵动的韵味；抑或以角隅纹样点缀，为整体设计增添一抹精致的细节；还有二方连续纹样，以其连绵不断的线条，营造出流动而富有韵律的视觉体验；更有四方连续纹样，将图案元素巧妙铺陈，展现出无限扩展与融合的视觉效果。每一种形式都承载着深厚的文化内涵，彰显着传统图饰的独特魅力。传统工艺文创产品设计遵从传统美学"四平八稳""以多为美"的审美法则，形成了传统装饰纹样。而现代时尚生活产品的纹饰、造型，以"简约"式、"以少胜多"式呈现，目的是在现代生活快节奏与繁杂之中，为人们提供简约化风格的生活用品，以协调心理平衡。因此，设计将现代时尚元素与传统工艺纹饰结合在一起，首先对传统纹饰进行解构，分解后形成"新基本型"；其次对"新基本型"与现代元素或器物进行重构，形成简约风格的现代时尚产品；最后对于具有传统元素的"新基本型"，要保留其原材料材质美和工艺美，同时强化其原始形态的艺术美，通过现代元素与古朴元素的融合碰撞，创造出跨越时代符号的艺术之美。如图 3-18、图 3-19 所示为蜡染女士手包。

图 3-18 蜡染女士手包（一）

图 3-19　蜡染女士手包（二）

（三）建构现代应用功能，实现可持续发展

传统工艺文化是农耕时代的产物，服务于特定社会人们的生活，其应用功能是服务于落后的农耕社会，涵盖衣、食、住、行等多个生活领域。进入现代文明社会后，某些传统工艺文化的应用功能已经不能适应和满足当代人们生活需求，面临逐渐被时代潮流淘汰和抛弃的危险。如何传承和保护、创新和发展传统工艺文化？要解决的主要问题是建构现代应用功能，实现可持续发展。建构现代应用功能时，需要围绕新时代人们的价值观和审美观来重构现代传统工艺文创产品。如图 3-20、图 3-21 所示就是对传统竹编用具进行重构设计，建构了现代应用功能，使其既保留传统工艺的魅力，又符合新时代人们的生活需求。又如一款传统苗族刺绣服饰，虽然它拥有非常精美的刺绣图案，且在特定的苗族社会环境中曾是流行的穿着打扮，但其款式和形制难以普及到现代大都市人们的日常生活中。只有通过对传统服装款式进行重构设计，将现代服装元素与传统服装元素相结合，设计出具有现代时尚美感、符合现代都市人们价值观和审美观的服饰，它才有可能在现在大都市中赢得人们青睐并流行开来。

图 3-20　传统竹编用具

图 3-21　便携式水壶

如图 3-22 所示为创新方法示意图。

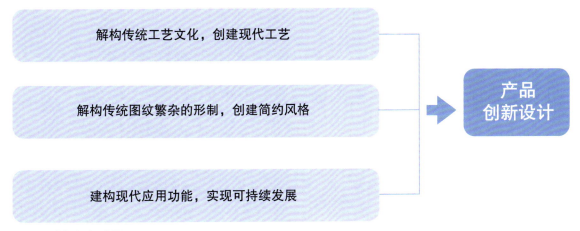

图 3-22　创新方法示意图

四、创新行动

创新行动需要制订创新计划和方案，包括实施人、时间、空间等要素，只有付诸行动，才能产生预期的结果。创新行动是一个艰难的创新设计过程，遵循"实践—验证—再实践"的循环路径。传统工艺文创产品创新行动是根据创新需求，围绕创新目标，运用恰当的创新方法，通过探索适宜的创新路径和通道，来进行产品设计的。

五、结果校验

结果校验是检验创新结果、成果是否解决了创新需求，是否需要调整创新目标、创新方法和创新行动。校验是论证创新结果、成果与创新目标是否达成一致的过程，通过不断调整和优化，使产品最终达到预定的创新目标。

总之，传统工艺文创产品设计思维和方法应包括明确创新需求，深入探究创新目标，积极寻找和研究创新方法与手段，有效实施创新与生产，以及严格校验创新成果与目标的一致性。

课题三 传统工艺文创产品的设计与实践

一、传统工艺田野调研

传统工艺田野调研是传统工艺文创产品设计实践的基础。设计的构思、创意、方案都源于田野调研的第一手资料。因此，传统工艺田野调研的主要任务是收集传统工艺资料和考察传统工艺文化内涵。田野调研要到传统工艺资源丰富的地区，深入民族村寨、民间艺人家中开展调研活动，通过速写记录、照片拍摄、视频录制、现场访谈、文稿撰写等方式收集第一手资料，应及时归纳整理和总结，最终应用于文创产品设计。如图3-23所示为传统民族文化调研现场。

图3-23 传统民族文化调研现场

二、市场供求设计考察

市场供求设计考察是传统工艺文创产品设计思想的引领方向。产品设计定位要根据市场供求来确立。因此，市场供求设计考察的主要任务是考察传统工艺文创产品在市场上的占有率和销售情况，考察消费者对传统工艺文创产品的需求情况，开展市场对传统工艺文创产品类别的空位稀缺情况等方面调查。市场供求设计考察要走进文化旅游景点、深入民间工艺作坊，通过现场访谈、照片拍摄、视频录制、专题讲座、文稿记录等方式开展考察活动。考察完毕后应及时归纳总结，形成可以用于传统工艺文创产品设计定位的重要依据，并把控产品设计方向。

三、传统工艺文创产品设计实施方案

传统工艺文创产品设计实施方案主要有以下方面：

（1）设计目标。说明本项目创意设计的指导思想、总目标任务、具体内容，分阶段落实的工作目标。

（2）设计内容。说明本项目创意设计范围、设计具体内容和需要的技术要求。

（3）设计方法和手段。

（4）设计预期成果。说明本项目创意设计完成时要取得的有形成果。

（5）设计项目进度。按计划和步骤列出设计工作进度和具体时间安排。

（6）设计团队分工。实施组织形式，制订设计团队名单和各自分工的主要内容。

（7）设计项目实施预算。评估传统工艺文创产品设计项目的价值和能给企业带来的利润。

如图3-24所示为设计实施方案流程图。

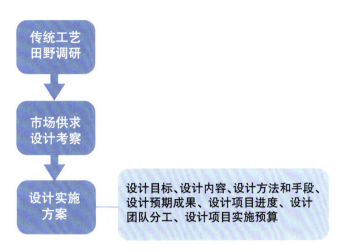

图 3-24 设计实施方案流程图

四、文创产品设计与样品制作

文创产品设计与样品制作主要有以下几个方面：

（1）速写稿设计。

（2）效果图设计。

（3）施工图设计。

（4）材料运用与技术加工。

（5）形成样品。

如图 3-25 所示为设计与样品制作流程图。

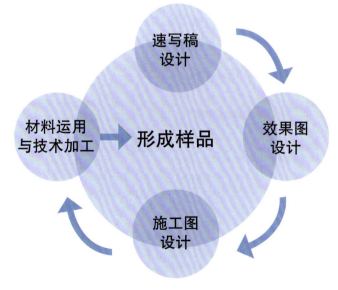

图 3-25 设计流程图

五、行业标准化生产

传统工艺文创产品设计的样品达到企业生产要求后，只有生产出符合行业标准或业内标准规范化的样品模具、模板、模型、模图等，才能实施批量生产加工。传统工艺文创产品行业标准化生产的流程如下：

（1）图形标准化。对设计图形进行行业标准化或业内标准规范化处理。

（2）模型标准化。对样品模具、模板、模型、模图等进行行业标准化或业内标准规范化处理。

（3）材料标准化。材料进行统一规范化管理和标准化加工。

（4）流水线与个性。实现产品流水线加工与手工艺个性化加工相结合。

（5）产品标准化与艺术个性化。实现产品验收标准化与艺术化相结合。

行业标准化流程图如图 3-26 所示。

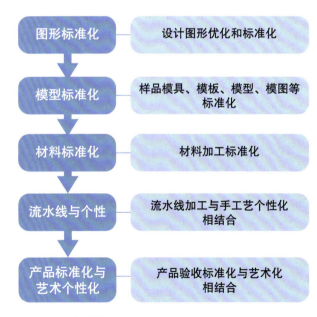

图 3-26 行业标准化生产流程图

课题四　传统工艺文创产品品牌建构

品牌是产品的名片，产品品牌建构需要进行系统的品牌定位、战略创意、形象设计、传播宣传等。品牌知名度是一种无形资产，是产品销售的重要桥梁和纽带。

一、品牌定位

品牌定位是产品品牌建构中的重要项目，通过以市场为导向，进行品牌定位分析，即特性分析、价值分析、消费心理分析、营销学分析，美学分析、产品定位分析等，把控好产品品牌的核心价值和消费者心理需求的契合点。传统工艺文创产品正处于市场成长期，是产品的研发、设计、生产、市场推广共同促进了其在创造性改造和创新性发展中成长。鉴于传统工艺文创产品市场上同类产品较少且知名度也不高，加之传统工艺受众面较为狭窄，传统工艺文创产品要想与其他类产品竞争，必须以个性化特色为优势，深入进行市场细分，找出特定市场，塑造品牌特色，以实现品牌的个性化发展。

二、品牌创意

一个有影响力的产品品牌背后一定有好的战略创意。传统工艺文创产品品牌创意的塑造，应深植于传统工艺文化的沃土之中，从文化的精髓中获取灵感。品牌调性的创意是品牌战略创意系统的关键一环，它涵盖了品牌命名的巧思、品牌广告语的锤炼、品牌文化故事的编织、品牌文案的撰写及企业文化的创新等多个要素。而在这些要素中，品牌文化故事显得尤为重要，它不仅是品牌战略创意的核心，更是连接消费者与品牌情感纽带的桥梁。通过讲述品牌背后的文化故事，我们能够赋予产品更深厚的文化内涵，使消费者在享受产品的同时，也能感受到传统工艺的魅力和价值。传统工艺文化有着千百年的历史，承载着丰富的民族、民间文化故事。针对传统工艺文创产品的类别及特点，我们可以精选相关的文化故事，通过归纳、总结、优化，

进而创建出具有故事特色的企业文化品牌。

三、品牌形象设计

品牌形象根植于企业文化和产品文化的深厚土壤中，是两者高度统一的视觉符号元素。产品品牌文化建设中的品牌形象设计符号，主要包括品牌视觉符号系统、装饰符号系统、网站设计系统、品牌 VI 设计系统等。传统工艺文创产品的形象设计主要从具体的类别产品文化和整体的企业文化入手，有针对性地分类构建。由于传统工艺类别繁多且各自拥有不同的文化背景，品牌形象设计要根据产品文化内涵和企业文化精神进行构思与创作。我们可以汇集多方力量和智慧，也可以聘请专业的设计公司来共同完成品牌形象设计任务。

四、品牌传播

以上品牌定位、品牌创意和品牌形象设计是产品品牌建构的原型和基础，要使产品品牌得到大家认可，还必须依赖于有效的产品品牌传播。产品品牌传播包括公共环境传播、互联网线上传播和实体店内营销传播多个方面。在大数据与互联网时代背景下，线上传播已成为产品品牌传播的核心环节。

如图 3-27 所示为品牌建构流程图。

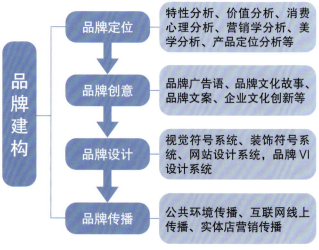

图 3-27　品牌建构流程图

课题五　传统工艺文创产品案例分析

一、皮具文创产品案例解析

　　皮具文创产品是指在传统皮质面料基础上进行创意设计的产品，包括对皮质面料与其他材质面料的巧妙整合与利用。其包括在皮质面料上进行刺绣装饰、雕刻装饰和绘画装饰，或在皮质面料上进行镂空雕饰等。这些纹饰体现了所处的时代文化特征、时尚审美的精神内涵及文化传承的脉络。

（一）皮雕装饰文创产品

　　手绘皮雕装饰产品（图3-28、图3-29）是皮雕和绘画的结合。皮革雕刻艺术，俗称皮雕。皮雕作为蒙古族世代相传的手工技艺，已有约1500年的历史沉淀，被誉为国家非物质文化遗产的璀璨瑰宝。它以手工鞣制的植鞣牛皮为材料，历经一系列精细而复杂的雕刻与绘制过程，展现出极高的艺术装饰价值。在古代，皮雕技艺主要运用于马具、盔甲等实用皮具之上。这些皮具因皮雕艺术的加入不仅增强了耐用性，更被赋予了独特的审美魅力。然而，随着时代的变迁，皮雕艺术逐渐超越传统的实用领域，走向了更广阔的创意空间。如今，在旅游文创产品设计中，皮雕艺术得到了全新的应用与诠释。设计师们巧妙地将这一传统工艺与现代时尚元素相结合，打造出了一系列深受现代人喜爱的时尚产品，如精致的皮包、时尚的靴鞋、

图3-28　手绘皮雕装饰产品（一）

别致的衣帽及独特的装饰品等。这些产品不仅继承了皮雕艺术的精湛技艺，还融入了现代设计的创新理念，使皮雕工艺注入了新的生命活力。旅游文创产品中应用皮雕技艺，不仅是对传统工艺的传承与发扬，也是对文化创新的一种积极探索。这样的应用让更多的人有机会近距离感受到皮雕艺术的魅力，也让这一古老的手工技艺在现代社会中焕发出新的光彩。

图3-29　手绘皮雕彩绘装饰产品（二）

（二）皮料与其他装饰文创产品

　　皮料与手工布装饰产品（图3-30）、皮料与民族苗绣装饰产品（图3-31），是应用皮质面料与其装饰面料进行重构设计的。这些产品的原生载体主要应用于传统民族服饰，以强烈的手工性和文化性著称，是国家非物质文化遗产的重要组成部分，有数千年的传统文化历史，并历经世代传承和发展。利用其独特的装饰性，并与皮草结合，能设计出既具有时代美感又富含时尚元素的文创产品。

　　皮料与马尾绣装饰产品（图3-32、图3-33）是皮料与马尾绣的结合。马尾绣是水族传统刺绣工艺，主要应用于传统民族服饰，是国家非物质文化遗产的

重要组成部分。设计师以皮具为载体，在皮质面料上设计制作马尾绣图案，从而创造出蕴含水族文化元素的文创产品，极大地提升了这些文创产品的品位。

图 3-30　皮料与手工布装饰产品

图 3-32　皮料与马尾绣装饰产品（一）

图 3-33　皮料与马尾绣装饰产品（二）

二、染织文创产品案例解析

染织产品是指利用棉质面料、麻质面料或蚕丝面料，通过传统工艺如扎染、蜡染或夹染等手段进行装饰，进而开展产品设计与制作。这些传统工艺承载着源远流长的文化历史，蕴含着深厚的文化底蕴。当它们与现代设计产品相结合时，不仅为产品注入了独特的文化魅力，还显著增强了其市场竞争力和未来发展潜力。传统文化在现代设计中的融入与赋能，不仅是对传统工艺的传承与发扬，更是对文化创新的一种积极探索，为文创产品的发展注入了新的活力、开辟了广阔的前景。

（一）扎染装饰文创产品

扎染提包（图 3-34）、扎染床上用品（图 3-35），

图 3-31　皮料与苗绣装饰产品

是利用扎染工艺装饰设计的文创产品。设计师利用扎染工艺的独特性和偶然性为产品装饰，赋予了产品原创性和人工制作不可复制的肌理装饰，从而提高了文创产品的艺术价值和收藏价值，个性化的设计进一步提高了其市场竞争力。

图 3-34　扎染提包

图 3-35　扎染床上用品

（二）蜡染装饰文创产品

蜡染手包（图 3-36）、蜡染鱼布偶（图 3-37），是利用蜡染工艺设计的文创产品。设计师运用蜡染工艺方法，融入苗族传统文化图腾、图案，设计出图案精美、装饰多样、具有民族文化特色的蜡染文创产品。

图 3-36　蜡染手包

图 3-37　蜡染鱼布偶

（三）夹染和印染装饰文创产品

夹染抱枕（图 3-38）、印染茶垫茶包（图 3-39），是分别利用传统夹染工艺和印染工艺设计制作的文创产品。设计师运用夹染工艺中植物染夹片遮挡空气氧化方法，以此形成深浅不同的装饰图纹；而丝网印染工艺是利用丝网胶片遮挡染色。这两种方法不仅成本低，而且可批量生产，能显著提高生产效率。

图 3-38　夹染抱枕

图 3-39　印染茶垫、茶包

三、金属文创产品案例解析

金属文创产品是用金、银、铜、铁或其他金属为原材料，通过煅烧加工形成的产品。金属加工工艺在我国有着数千年的历史，经过人们不断传承和发展，现已演化出丰富多样的加工工艺。每一种金属加工工艺都有其独特的工艺技法，从而形成了不同的艺术效果。

（一）黄金文创产品

黄金十二生肖纪念币（图3-40）、八方来福黄金吊坠（图3-41），均定位于传递祝愿文化，借用中华

图 3-40　黄金十二生肖纪念币

图 3-41　黄金八方来福吊坠

传统文化中的十二生肖吉祥物和"福到"这一吉祥寓意，用黄金材质精心打造的文创产品。设计师抓住人们喜欢十二生肖文化符号和"福、禄、寿、喜"美好寓意的心理，进行创意设计，赋予这些产品深厚的中华传统文化内涵和象征意义。因此，这样的文创产品不仅具有较高的收藏价值和纪念意义，还是走亲访友和情侣间互送的珍贵礼物。

（二）白银文创产品

银茶壶（图3-42）和银茶隔（图3-43）均定位于高端生活用品，利用银材质与中华传统茶文化和吉祥如意文化相融合打造的文创产品。设计师选择用贵金属银为原材料，结合银工艺，巧妙地将传统文化元素融入产品设计中，使这些产品既体现了中华传统文化的精髓又具有收藏价值和实用价值。图3-44为用银茶壶泡茶的场景。

图 3-44　银茶隔泡茶

（三）金属铜文创产品

紫铜单壶（图3-45）、紫铜套壶（图3-46）均是云南东川（今云南会泽县）铜矿经煅烧提炼、精心设计和传统工艺加工而成的紫铜茶壶产品。设计师巧妙地将当地铜矿原材料和传统手工艺相结合，利用紫铜耐腐性、导热性、延展性、抗拉性、可塑性和可煅性的特点，打造既具有实用性和耐用性又富有纪念意义的铜器文创产品。

图3-47为斑铜"嘉靖通宝"纪念币，图3-48为斑铜孔雀瓶和花瓶，是云南会泽县特色斑铜产品。会泽斑铜以其卓越品质赢得了"滇铜甲天下"的美名享誉至今。

图 3-42　银茶壶

图 3-43　银茶隔

图 3-45　紫铜单壶

91

图 3-46　紫铜套壶

图 3-48　斑铜孔雀瓶和花瓶

斑铜产品的产量甚少又因斑铜产品是纯手工制作的，难以形成规模生产。因此每一件斑铜产品都是独一无二、不可复制的。

"熟斑"工艺匠心独运，以工业熟铜，如紫铜、黄铜、白铜等为基材。在熟斑的熔炼过程中，工匠们巧妙地融入适量其他金属，使之在"混而不合"的奇妙状态下共融。随后，经过一系列精细的工艺步骤——光浇铸成型以定其形，磨光以显其质，再用化学药品液洗色显斑，从而赋予熟斑工艺品独特的魅力。熟斑工艺品的纹路犹如大自然的笔触，呈放射状铺展，其形状与大小分布得恰到好处，既生动又自然。相较于生斑工艺品，熟斑工艺品的纹路更细致入微、复杂多变，仿佛是大自然鬼斧神工的杰作。此外，熟斑工艺品的造型也更为丰富多样，无论是简约的线条还是繁复的图案，都展现出无与伦比的艺术美感。

斑铜设计师巧妙运用黄铜系列合金原料的独特性质，结合深邃的艺术构思，精心塑造出别具一格的形象。他们运用多种工艺技术手段，将原料加工制作成独具特色的文创产品。这些文创产品不仅拥有独特的艺术魅力，还在市场竞争中展现出强大的竞争力，成为值得珍藏的斑铜珍品。它们不仅具有深厚的文化内涵，还体现了斑铜设计师的匠心独运，因此成为收藏家们争相追捧的艺术瑰宝。

图 3-47　斑铜"嘉靖通宝"纪念币

斑铜分为"生斑"和"熟斑"。"生斑"工艺独特，采用天然铜矿石中含有的金、银等金属元素，经由工匠们用冷锻成型的技术，将铜矿石加工制作成各式器物。这一过程经选料、粗坯制作、成型、烧斑、淖斑、煮斑、抛光等数十道工序。每件器物均需经过成千上万次锻打，方能成器。经过精心抛光后，器物表面会呈现出古铜色基底，其上的斑斓色彩熠熠生辉，变幻无穷，宛如天然形成的绚丽纹理，具有夺目的荧光效果。由于矿产资源有限，加之天然斑矿罕见，制作工艺复杂，

图3-49为黄铜产品"三阳开泰"，设计师以"三阳开泰"为灵感源泉，深入探索其寓意。他们联想到冬去春来、万物复苏的景象，认为"三阳开泰"象征着阴消阳长、生机勃勃。图3-50为黄铜产品"坐地生财狗"，是吉祥寓意为主题设计的装饰摆件，是定位于祝愿文化的创意设计，其造型神态生动、寓意深长。图3-51为铜鼓吊件，是设计师以苗族铜鼓为原型素材，采用缩小的方法打造出的小铜鼓吊件文创产品。这些铜器产品均被赋予了传统文化内涵，深受人们喜爱。

图3-51　铜鼓吊件

（四）金属铁文创产品

图3-52为金属"鱼"装置艺术品，设计师以废铁线材、板材、螺丝帽为原材料，以鱼骨架为设计原型，利用电焊接制作而形成的鱼形态文化创意装置艺术品。图3-53为不锈钢花瓶和茶罐，其设计定位为装饰和实用品，凭借其华丽的质感，不仅提高了产品的文化品质，还具有较高的收藏价值。

图3-49　"三阳开泰"

图3-52　金属"鱼"装置艺术品

图3-50　"坐地生财狗"

图3-53　不锈钢花瓶和茶罐

四、雕刻产品案例解析

木料、石料或泥料等是雕刻文创产品的主要原料。每一种材质的加工工艺都有其独特技巧和方法，这些经过数千年积淀形成的传统手工艺，凝聚了工匠们代代相传并不断创新发展的智慧结晶，值得深入探究和学习。

（一）木雕文创产品

百家姓吊牌（图3-54）、镂空杯垫（图3-55），是旅游纪念文创产品。设计师采用优质木料，运用现代雕刻机实施阴刻、阳刻、镂空雕等工艺，批量生产制作百家姓吊牌和杯垫文创产品，确保它们具有一定的纪念意义和实用价值。图3-56为龙头拐杖，设计师在拐杖根部自然生长形态的基础上进行设计和雕刻，使其扶手部分生动地表现为龙头和元宝的造型。山水人物图瓶（图3-57）是香港艺术馆珍藏的佳作，其雕刻之精细，堪称一绝。此瓶以满雕构图巧妙展现山水

人物的景致与古老的传统图案，瓶身四周皆布满生动细腻的雕刻，画面跃然瓶上、栩栩如生，令人仿佛置身于悠远而深邃的山水之间。

图3-56 龙头拐杖

图3-54 百家姓吊牌

图3-55 镂空杯垫

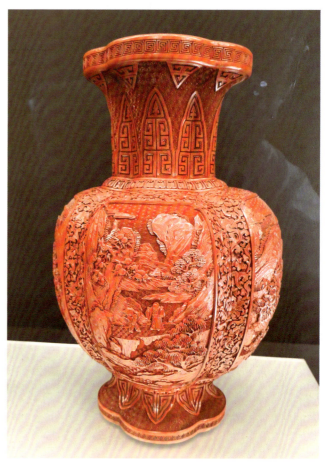

图3-57 山水人物花瓶

（二）石雕、玉雕、象牙雕文创作品

玉雕（第三届中国工艺美术博览会玉雕作品，图3-58），设计师在一块汉白玉上精心创作，雕刻出众

多人物的活动场面，采用圆雕和半圆雕手法表现人物与动物的形体动态，栩栩如生。雕刻画面与整块自然成型的玉石融为一体，展现出很高的艺术价值。歙砚石雕（图3-59），歙砚全称歙州砚，乃中华砚中之翘楚，与甘肃洮砚、广东端砚、黄河澄泥砚并称为砚界四绝。歙砚之石材，其纹理瑰丽，常见的有细腻的鱼子纹、流畅的螺纹、绚丽的金晕纹、清雅的眉纹及独特的刷丝纹，每一种纹理都仿佛是自然之美的缩影，令人陶醉。在雕刻技艺上，歙砚石雕作品展现出了浑朴大气的艺术风格，通过浮雕的立体感、浅浮雕的细腻感、半圆雕的圆润感等多种手法，巧妙地将中国传统书画中的人文山水精髓融入其中，使作品不仅具有实用价值，更成为中华优秀传统文化传承与弘扬的重要载体。透雕象牙球（图3-60）、女红盒（图3-61）均由香港艺术馆珍藏。这两件雕刻作品都属于广雕制品。广雕工艺细腻，尤以精湛的镂空雕技艺令人称奇，其"不露地"空间处理方法，即将所有用作装饰的空间都堆满纹饰，不留半点空隙，是广雕独有的特色。

图 3-58　玉雕

图 3-59　歙砚石雕

图 3-60　透雕象牙球

图 3-61　女红盒

五、陶瓷产品案例解析

陶瓷涵盖了陶器和瓷器两大类别。谈及陶器，它源于黏土或陶土的巧妙运用，经过匠人的捏制塑形，再经过高温烧制，最终成为人们手中的器具。陶器承载着深厚的历史底蕴，古代的人们将其视为日常生活的必需品，而在现代，它则更多地被视作一件件精美的工艺品，被收藏家们珍视与传承。而瓷器，其制作材料包括瓷石、高岭土、石英石等，经过复杂的烧制工艺，其表面覆盖着光泽莹润的玻璃质釉或精美的彩绘。尤为值得一提的是，瓷器表面的釉色变化万千，这得益于烧制过程中温度的变化所引发的各种化学反应。这种釉色的变化不仅增添了瓷器的艺术魅力，更使其成为中华优秀传统文化中的璀璨明珠，闪耀着不朽的光芒。

不同地域的陶瓷原材料含矿物质不同，生产工艺亦不同，由此产生了各具特色的陶器和瓷器的艺术效果。

（一）土陶文创作品

建水紫陶摆件（图3-62）、建水紫陶茶壶（一）（图3-63）、建水紫陶茶壶（二）（图3-64）、宜兴紫砂茶壶（图3-65），这几件作品的外表展现出不同的材质性能特点，同时其内在则蕴含着不同的艺术特征。

图 3-62　建水紫陶摆件

图 3-63　建水紫陶茶壶（一）

图 3-64　建水紫陶茶壶（二）

图 3-65　宜兴紫砂茶壶.

建水紫陶的泥料不含砂石，非常细腻，黏性很强，全手工成型，并施以阴刻阳填的装饰技法。在烧制过程中，其收缩率在20%左右，工艺复杂、难度大，导致成品率不高。此外，建水紫陶的含铁量在12%以上，硬度较大，烧制后需经打磨火皮和无釉抛光处理，以还原其本色。抛光手法有哑光和水亮光之分，是紫陶的独特工艺。建水紫陶的灵魂是附在其表面上的人文字画。这些字画是先写画，后阴刻，再阳填相应色泥，烧制成功后经打磨、抛光方可出品，独具中国传统书画韵味。建水紫陶的造型典雅古朴，承载着深厚的文化底蕴，仿佛每一根线条都在诉说着千年的故事。其质地细腻，触感坚如铁石，却又不失温润如玉的质感。其光泽明亮，犹如清澈的流水，折射出迷人的光彩。轻轻敲击，其声如磬，悠扬悦耳，令人陶醉。

宜兴紫砂茶壶的泥料含较多砂矿石，且泥质偏粗。由于泥砂混合，其可塑造性较好，同时干燥收缩率也较小，因此成品率较高。其手工成型分为打身筒和镶身筒两种方法：打身筒适合制作圆形器皿；镶身筒适合制作方形器皿。模具成型通常分为半机械化成型和半手工成型。紫砂壶烧制成品后，为了不失去透气性能通常无须打磨，只对壶口进行打磨，以确保壶口的气密性良好。

（二）瓷器文创作品

陶瓷花瓶（图 3-66）、陶瓷娃偶（图 3-67）、陶瓷花卉套件（图 3-68）、陶瓷扇面摆件（图 3-69），这四件是第三届中国工艺美术博览会的陶瓷文创作品。作者利用陶瓷涂釉工艺的独特表现技法，突破传统审美构成方式，从而设计和表现作品的独特个性。这种创新不仅增强了作品的艺术感染力和装饰趣味性，还提高了作品的收藏价值。

图 3-68　陶瓷花卉套件

图 3-66　陶瓷花瓶

图 3-69　陶瓷扇面摆件

六、髹漆产品案例解析

髹漆工艺是彝族民间特有的手工漆艺，其传统表现形式多以几何纹、卷草纹、花草纹、螺旋纹、铜鼓纹、太阳纹、虎纹等为主；在色彩运用上，则以黑色、黄色、

图 3-67　陶瓷娃偶

红色为主，少量以其他色为辅。传统髹漆工艺主要是以在皮器、木器等载体上进行表现。现代髹漆文创产品是在吸收传统髹漆工艺技法和文化元素的基础上，进行的创造性转化和创新性发展，无论在内容上或形式上都有很大的拓展性和延展性，形成了丰富多样的作品。

茶盘摆件（图3-70）、葫芦摆件（图3-71）、酒壶套件（图3-72）、烟灰缸（图3-73），在表现形式和内容有新的突破，摒弃了传统漆器常见的表现形式，转而追求自然肌理的艺术表现效果，具有极强的装饰性。

图 3-70　茶盘摆件

图 3-71　葫芦摆件

图 3-72　酒壶套件

图 3-73　烟灰缸

七、刻绘文创产品案例解析

"刻绘"顾名思义就是先刻后绘。贵州安顺传统的地戏面具便是先以木雕技法雕刻成型，后施以彩绘。在文创产品的设计中，我们可以通过缩小手法表现传统面具的元素或符号，并赋予其小巧便携的特性，从而打造出既具有纪念意义又彰显地域特点的文化旅游文创产品。如图3-74所示为地戏面具原型，图3-75、图3-76所示为地戏面具文创产品。

八、印刷文创产品案例解析

如今，印刷文创产品是将现代印刷工艺与时尚产品装饰相结合而产生的一种体现地域文化符号的衍生

图 3-74　地戏面具原型

图 3-75　地戏面具文创产品（一）

图 3-76　地戏面具文创产品（二）

文创产品。它可在不同用品上融入地域文化符号，赋予产品丰富的文化内涵，进而提高产品的文化品质，增强其市场竞争力。手机壳（图3-77）是以绘画形式来表现贵州民族图像符号，并通过印刷技术应用在手机壳上，具有纪念意义和实用价值。水杯和布袋（图3-78）同样通过将现代印刷技术与绘画形式相结合，表现了贵州苗族服饰的特色，具有很强的地域文化特征。

图 3-77　手机壳

图 3-78　水杯和布袋

九、编织文创产品案例解析

编织文创产品是将传统编织技艺和材料应用融入现代时尚产品中，在表现应用功能、内容和形式上力

求新的突破和装饰，打造形成新的文创产品，如图3-79所示的茶具和图3-80所示的手提包。

图 3-79　茶具

图 3-80　手提包

十、特种产品案例分析

特种产品是指利用非传统材料加工形成的传统工艺文创产品（图3-81—图3-84）。如图3-85、图3-86所示的川剧变脸玩具，是设计师根据川剧变脸人物的着装形态，利用塑胶材料塑造形象和彩绘，再组装形成的。如图3-87所示的京剧模型纪念品，是设计师根据京剧的着装特点，先利用塑胶材料塑造人物的浮雕造型，再利用彩绘手法表现缩小的京剧人物形象，打造的具有地域文化特征和纪念价值的产品。

图 3-81 印度风格桌面摆件

图 3-83 卡通形象商场摆件（一）

图 3-82 生物标本纪念品

图 3-84 卡通形象商场摆件（二）

图 3-85　川剧变脸玩具（一）

图 3-86　川剧变脸玩具（二）

图 3-87　京剧模型纪念品

单元课题训练

一、课题训练

课题内容： 设计制作一套完整的传统工艺文创产品。

训练学时： 课内 30 学时，课外 20 学时。

训练方式： 通过田野调研，搜集传统工艺资料，学生独立完成设计和制作产品。

训练提示： 从传统工艺设计定位、创意设计措施、创意设计实践、品牌建设等方面思考，通过搜集资料、材料，完成设计和制作产品。

训练要求：

1. 设计和制作一套完整的传统工艺文创产品，包含产品设计文案、实物样品、品牌及包装。

2. 产品用途、类型、材料、尺寸规格不受限制。

3. 产品的思想内容要健康，产品要服务于人们生活。

达到目标：

1. 通过课题训练，学生能够掌握传统工艺文创产品的设计定位，从而提高传统工艺文创产品设计能力和制作能力。

2. 通过课题训练，学生能够掌握传统工艺文创产品的设计方法，从而提高对传统工艺的传承和创新能力。

3. 通过课题训练，学生能够提高传统工艺文创产品设计与实践能力。

二、知识拓展

1. 姚湘，胡鸿雁. 文化创意产品设计 [M]. 北京：北京大学出版社，2020.

2. 刘悦笛. 中国人的生活美学 [M]. 桂林：广西师范大学出版社，2021.

3. 沈征，胡亮. 旅游工艺品设计与制作 [M]. 北京：清华大学出版社，2014.

三、理论探究

1. 王树良，张玉花. 中国工艺美术史 [M]. 重庆：重庆大学出版社，2010.

2. 董占军，张爱红，乔凯. 外国工艺美术史 [M]. 北京：清华大学出版社，2012.

参考文献

[1]《中国美术史》编写组. 中国美术史[M]. 北京：高等教育出版社，2019.

[2] 范晔. 后汉书[M]. 李贤，等注. 北京：中华书局，2000.

[3] 陈寿. 三国志[M]. 裴松之，注. 北京：中华书局，2000.

[4] 罗安宪. 周易[M]. 北京：人民出版社，2017.

[5] 孙诒让. 考工记：孙诒让《周礼正义》本[M]. 邹其昌，整理. 北京：人民出版社，2020.

[6] 宋应星. 天工开物：武进陶湘《喜咏轩丛书》本[M]. 邹其昌，整理. 北京：人民出版社，2021.

[7] 文震亨. 长物志 [M]. 南京：江苏凤凰文艺出版社，2015.

[8] 李诫. 营造法式：文渊阁《钦定四库全书》[M]. 邹其昌，点校. 修订本. 北京：人民出版社，2011.

[9] 黄成. 髹饰录[M]. 扬明，注. 田开鹏，译注. 重庆：重庆出版社，2022.

[10] 计成. 园冶：手绘彩图修订版[M]. 倪泰，译注. 2版. 重庆：重庆出版社，2017.

[11] 姚湘，胡鸿雁. 文化创意产品设计[M]. 北京：北京大学出版社，2020.

[12] 兰台挥麈. 中国古代刺绣发展简史[EB/OL]. （2020-10-22）[2024-02-25]. 艺术与设计网站.

[13] 顾朴光. 中国面具史[M]. 2版. 贵阳：贵州民族出版社，2002.

[14] 郭净. 中国面具文化[M]. 上海：上海人民出版社，1992.

[15] 陈岩，王娜，王蕾. 色彩构成设计[M]. 北京：北京大学出版社，2013.

[16] 王宏飞，巫建. 传承振兴传统工艺意义深远[EB/OL]. （2018-12-14）[2024-02-26].中国社会科学网.

[17] 刘悦笛. 中国人的生活美学[M]. 桂林：广西师范大学出版社，2021.

[18] 沈征，胡亮. 旅游工艺品设计与制作[M]. 北京：清华大学出版社，2014.

[19] 杨再伟. 贵州民间美术概论[M]. 昆明：云南美术出版社，2009.

[20] 杨再伟. 蜡染工艺与设计[M]. 重庆：重庆大学出版社，2021.

[21] 杨再伟. 剪纸工艺与创意[M]. 重庆：重庆大学出版社，2023.

[22] 吴淑生，田自秉. 中国染织史[M]. 上海：上海人民出版社，1986.

[23] 孙尔，沈雁冬.图形创意[M].2版.沈阳：辽宁美术出版社，2006.

后　记

　　传统工艺文创产品是现代工业文化的产物之一，是艺术与科学、艺术与技术、艺术与应用的结合。第一次世界大战结束后，在德国包豪斯思潮的影响下，才开始产生了文化创意产品设计。

　　在新时代发展进程中，工业产品智能化蓬勃发展，同时激励和重视传统手工艺文创产品发展。习近平总书记在党的二十大报告中指出："坚持创造性转化、创新性发展，以社会主义核心价值观为引领，发展社会主义先进文化，弘扬革命文化，传承中华优秀传统文化，满足人民日益增长的精神文化需求，巩固全党全国各族人民团结奋斗的共同思想基础，不断提升国家文化软实力和中华文化影响力。"

　　为深入贯彻落实《关于推动非物质文化遗产与旅游深度融合发展的通知》的总体要求之一"在非物质文化遗产保护传承中，要坚持创造性转化和创新性发展，积极适应当代旅游需求和旅游所带来的生产生活方式的变化，不断提高传承发展利用水平，持续为旅游提供丰富的文化资源"和重点任务之一"积极开发传统工艺产品，丰富旅游商品内涵"的文件精神，在高等院校积极构建"传统工艺文创产品设计"课程，并引入课堂教学，培育传统工艺文创产品设计创新人才，培育新型文化业态。

　　本书是在笔者和学科团队 20 多年高等院校传统工艺产品设计课程教学经验积累、归纳、总结的基础上逐渐形成的。本书的编写涉及历史学、考古学、人类学、社会学、文化民族学、艺术文化学等内容，吸收和凝练形成了传统工艺文化概论知识体系，通过文化创意产业考察，带领学生深入文化旅游古镇市场，调研和收集文创产品标本并进行分析，形成较为系统的文创产品设计步骤和制作方法。本书的知识结构较为全面、科学、合理，符合高等院校传统工艺文化创新实训需求，它的出版发行将填补高等院校传统工艺文创产品设计课程教材的空白。

　　本书在编写过程中参考了专家和学者的相关著作、论文、研究报告、图片（含线上和线下）等文献资料，摘录使用了相关作者的文创作品资料。由于本书内容繁杂，难以详细罗列单元章节、页码及作者，在此向作者表示谢意！

　　本书是六盘水师范学院学科团队（LPSSY2023XKTD14）的成果之一，在编写过程中得到全体民族民间美术学科团队成员的支持，在此表示衷心感谢！

　　本书涉及的知识内容很广，在撰写过程中既存在不同的学术观点，也存在理论与实践的探讨问题，希望本书能起到抛砖引玉之效。由于笔者知识水平有限，本书难免有遗漏和不足之处，敬请读者提出宝贵意见。

杨再伟于重庆

2024 年 3 月

杨再伟

男，侗族，籍贯贵州榕江。从事民族民间工艺美术及文创产品设计研究，六盘水师范学院艺术学院三级教授，贵州省人民政府评标专家，贵州省教育厅艺术教育工作委员会委员，六盘水市美术家协会副主席，出版著作《贵州民间美术概论》《蜡染工艺与设计》《剪纸工艺与创意》，其中著作《贵州民间美术概论》获贵州省人民政府奖，著作《蜡染工艺与设计》及课程特色化教学理论与实践获"贵州省第十届高等教育教学成果奖"二等奖。

易晓浪

男，汉族，籍贯湖南新宁。从事美术与数字艺术设计跨界研究，六盘水师范学院艺术学院副教授，发表学术论文十余篇，主编教材《色彩风景》，参编教材《设计素描》。